本著作受韶关学院人才科研启动费（9900064501）资助出版

新时代区域可持续发展研究

游细斌　著

吉林大学出版社

·长春·

图书在版编目（CIP）数据

新时代区域可持续发展研究 / 游细斌著 . — 长春 ：
吉林大学出版社， 2022.1
　ISBN 978-7-5692-9819-2

　Ⅰ．①新… Ⅱ．①游… Ⅲ．①区域发展－研究－中国
Ⅳ．① F127

　　中国版本图书馆 CIP 数据核字（2022）第 009068 号

书　　　名：新时代区域可持续发展研究
　　　　　　XINSHIDAI QUYU KECHIXU FAZHAN YANJIU

作　　者：游细斌　著
策划编辑：邵宇彤
责任编辑：张维波
责任校对：刘守秀
装帧设计：优盛文化
出版发行：吉林大学出版社
社　　址：长春市人民大街 4059 号
邮政编码：130021
发行电话：0431-89580028/29/21
网　　址：http://www.jlup.com.cn
电子邮箱：jldxcbs@sina.com
印　　刷：定州启航印刷有限公司
成品尺寸：170mm×240mm　　16 开
印　　张：12.75
字　　数：218 千字
版　　次：2022 年 1 月第 1 版
印　　次：2022 年 1 月第 1 次
书　　号：ISBN 978-7-5692-9819-2
定　　价：65.00 元

前　言
preface

党的十九大报告明确提出"实施区域协调发展战略"。区域协调发展是中国长期以来指导地区经济发展的基本方针。党的十九大报告提出区域协调发展战略，是对"两个一百年"奋斗目标历史交汇期中国区域发展的新部署，是今后一个时期推进区域协调发展的行动指南。实施区域协调发展战略对中国增强区域发展协同性、拓展区域发展新空间、推动建设现代化经济体系、实现"两个一百年"奋斗目标都具有重大战略意义。

增强区域韧性及实施新发展理念是当今时代发展的重点，提升区域韧性可以提升我国的综合竞争力。2020 年，区域经济展现强大韧性，区域协同发展稳步推进；京津冀、长三角、粤港澳大湾区所在的内地省份对全国经济增长贡献率达 49.3%，城市群引领作用持续增强；产业转型升级稳步推进，东部、中部、西部地区第三产业增加值占比分别比上年提高 1 个、0.3 个和 0.2 个百分点，东北地区第一产业比重较上年提高 1 个百分点。在区域经济发展过程中，新产业、新业态、新模式构成的新经济保持高速增长，为我国经济长期持续稳定增长不断增添强劲动力。另外，互联网经济、高新技术产业、高新产品等新动能快速增长。

新发展理念涵盖着创新、协调、绿色、开放、共享，我国在进行社会主义现代化建设中一直贯彻新发展理念，通过创新发展来解决经济、社会发展动力问题，通过协调发展解决发展不平衡问题，通过绿色发展解决人与自然和谐问题，通过开放发展解决发展内外联动问题，通过共享发展解决社会公平正义问题。新发展理念可以促进经济的发展，提升区域的发展韧性，实现区域的可持续发展。

当前要实现新时代区域可持续发展，需要解决区域发展不平衡问题，需要增强区域韧性，推动产业结构的升级。

本书围绕区域可持续发展，结合当下国家的政策与策略，介绍了新时代区域可持续发展的相关概念以及创新、协调、绿色、开放、共享五大理念与区域可持续发展的关系等。由于作者水平有限，书中难免存在不足之处，恳请各位读者批评指正。

目　录

contents

第一章　关于新时代区域可持续发展的解读

第一节 区域可持续发展概述

一、可持续发展的基本内容

(一)可持续发展的概念

可持续发展概念的提出可以追溯到 1972 年,在瑞典召开的人类环境大会。1980 年,由世界自然保护联盟(International Union for Conservation of Nature,简称 IUCN)、联合国环境规划署(United Nations Environment Programme,简称 UNEP)、世界自然基金会(World Wide Fund for Nature or World Wildlife Fund,简称 WWF)共同发表的《世界自然保护大纲》正式提出了"可持续发展"的概念。

关于可持续发展的概念及含义,不同的学者有不同的理解。以下四种定义,则从不同的角度对可持续发展进行探讨研究,具有较强的影响力与较大的代表性。

从生态学角度出发,可持续发展是指能够保护和加强环境系统的生产和更新能力的战略,其要求不能超越环境系统的承载能力与更新能力,要实现与环境系统的和谐发展与共存。

从社会学角度出发,可持续发展是在生态系统承载能力范围内来改善人类的生活与生产,将自由、平等、人权等相关的理念纳入其中,最终实现人与社会、资源、环境的全面可持续发展。其强调的是人类的发展,即人类的发展必须有健康的身体、高质量的生活水平以及平等获得资源与成长的途径。

从经济学角度出发,可持续发展就是在保护环境与资源的承受范围的前提条件下促进经济的最大化发展,实现经济、环境、资源的可持续发展,强调经济与环境资源的协调发展。

从技术角度出发,可持续发展是利用现代技术的优势来促进节能减排,改善生产方式,减少资源的损耗以及实现变废为宝的循环模式,即实现高效、节能、零排放的生产方式，以此来实现可持续发展。

总之，可持续发展强调了环境与发展的紧密联系，指的是增长方式的变化，即通过降低能耗及能源的密集程度，来实现的长期的发展策略，其目的是促进人类与自然、人与人之间的和谐发展。

1987年，世界环境与发展委员会（World Commission on Environment and Development，简称 WCED）发表了《我们共同的未来》，其对可持续发展下了明确的定义："既能满足当代人的需要，又不对后代人满足其需要的能力构成危害的发展。它包括两个重要概念：'需要'的概念，尤其是世界各国人民的基本需要，应将此放在特别优先的地位来考虑；'限制'的概念，技术状况和社会组织对环境满足眼前和将来需要的能力施加的限制。"

1992年，在联合国环境与发展大会上通过了《21世纪议程》，通过了以可持续发展为核心的发展战略，之后中国在《中国21世纪议程——中国21世纪人口、环境与发展白皮书》中，首次将可持续发展战略运用经济与社会发展的长远规划中。

1997年，党的十五大将可持续发展战略确定为我国"现代化建设中必须实施"的战略。

（二）可持续发展的层次

关于可持续发展，可以从观念形态层面、经济体制层面、科学技术层面三个方面进行分析（图 1-1）。

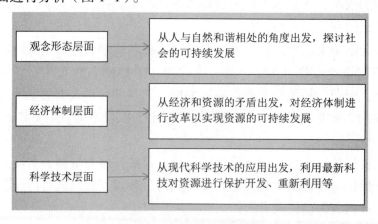

图 1-1　可持续发展的层面

观念形态层面指的是人类社会对待自然的态度方面，其实质是倡导人与自然、人与社会和谐相处，通过协调人地关系实现可持续发展。

经济体制层面的可持续发展重在解决发展经济与资源、环境之间的矛盾。当今世界，资源和环境问题日益凸显，而资源、环境与经济发展的矛盾也越来越尖锐，所以要实现可持续发展，需要对经济体制进行变革，对现有的生产方式、消费方式、社会体系、政治体系等进行变革，以实现可持续发展。

对于科学技术层面，主要是依靠现代的高科技进行环境保护，实现资源的节约、重复利用等，目前科学技术层面的可持续发展势头良好，清洁工艺、节能技术、生态农业、资源循环利用等都取得了一定的成就，未来将依靠现代科技力量不断优化资源配置，实现人与自然和谐相处。

（三）可持续发展的类型

可持续发展因为涉及的领域较多，因此按照不同的划分标准又可分为不同的类型（图1-2）。

可持续发展按其所涉及的具体内容可以分为经济可持续发展、生态可持续发展、社会可持续发展。

按照人类社会生产活动的内容划分，可持续发展可以分为工业可持续发展、农业可持续发展、林业可持续发展、牧业可持续发展。

按照人类社会生产活动地域空间范围划分，可持续发展可以分为全球可持续发展、国家可持续发展、区域可持续发展。

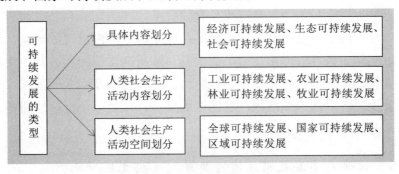

图1-2　可持续发展的类型

二、可持续发展的必要性

（一）传统的发展观带来很多环境问题

环境的恶化促进人类开始重视对自然环境的保护。自工业革命以来，科技的发展改变了人类生产与生活方式，也促进了人口的迅速增长，但随之而来的环境问题日益凸显，人类社会的发展与日益严重的环境问题之间的矛盾越来越凸显，目前环境问题主要表现在以下三个方面：

生态破坏。生态破坏主要表现在人类忽视生态环境的内在规律，为了谋求利益乱采滥伐，造成资源的浪费及生态环境的破坏，表现在荒漠化严重、森林面积减少、全球变暖等，进一步导致水土流失严重、物种灭绝等，这些生态环境问题如果得不到解决，将给人类带来严重的后果，人们将无家可归。另外，生态破坏需要花费大量的人力、物力来进行补救，不利于经济的稳步增长，甚至在不久的将来带来一系列其他的问题，将给环境带来前所未有的挑战。

环境污染。工业革命对环境的影响较大，造成了环境的污染。主要表现在工厂生产的过程中产生大量的废水、废气、废渣。另外，人类产生的生活垃圾也在不断增加，这些排放到大自然中，造成环境的污染。20世纪五六十年代出现的环境污染危机给发达国家以沉痛的教训，一些发达国家开始将污染严重的工业向发展中国家倾斜，从长远的角度来看，地球是一个完整的有机的整体，需要在整体上进行维护。目前发展中国家的环境问题日益凸显，需要加以重视，否则会造成严重的后果。

全球环境问题。全球环境问题指的是在全球范围内出现的问题，包括温室效应、臭氧层破坏、酸雨、海平面上升、冰川融化等问题，其中酸雨虽然属于区域性污染，但它的不良影响是巨大的，也会涉及众多的国家。全球环境问题并不是各个国家或地区环境问题的叠加，而是一个全球性问题，需要各个国家共谋全球环境治理。

（二）传统经济发展模式与可持续发展模式的对比

传统经济模式就是一味追求经济效益，不惜破坏生态，浪费资源，高能耗高污染地追求经济的发展，其弊端主要表现在以下几个方面（图1-3）。

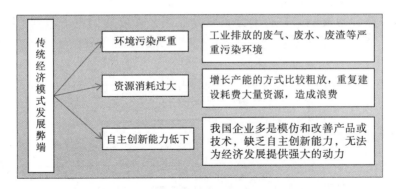

图 1-3　传统经济模式发展弊端

第一，环境污染严重。我国经济的快速增长没有把环境污染问题放在重要的位置，而是先发展经济，后治理环境。工业排放的废气、废水、废渣污染环境，危害人们的身体健康。工业经济发展需要消耗大量的资源，导致空气中二氧化碳剧增，固体废弃物大量排放，污染环境。

第二，资源消耗过大，造成资源浪费。自改革开放以来，我国虽然实现了经济快速增长，但增长主要依靠投资拉动，增长方式相对粗放。一些产业的盲目投资和低水平重复建设消耗了大量资源，造成了资源的严重浪费。

第三，自主创新能力低下。传统经济模式下，我国企业的自主创新能力仍显薄弱。自主品牌缺失现象严重，自主创新能力不足，难以为我国经济发展提供强劲的动力支持。

与传统经济发展模式相比，可持续发展模式不是简单地开发自然资源以满足当代人类发展的需要，而是在开发资源的同时保持自然资源的潜在能力，以满足未来人类发展的需要；不是只顾发展不顾环境，而是尽力使发展与环境协调，防止、减少并治理人类活动对环境的破坏，使维持生命所必需的自然生态系统处于良好的状态。因此，可持续发展是持续不断的，不会有朝一日被限制，它既能满足当今的需要，又不致危及人类未来的发展。

三、区域可持续发展的原则

任何一个国际或国家尺度都包含着若干的区域，对于一个区域来说，其范围可大可小，既可以是范围较大的区域，即包含几个城市，也可以是仅包含某个市县的区域。所以，从大的方面来看，区域可持续发展能促进全球范围、全国范围内的可持续发展，从小的方面看，区域可持续发展又能促进各个城市的资源的整合与发展，具有十分重要的作用，需要遵循以下原则（图1-4）。

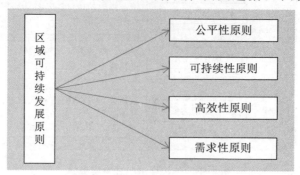

图1-4　区域可持续发展原则

（一）公平性原则

公平性原则是指机会选择的平等性，具有三方面的含义。一是指代际公平性。二是指同代人之间的横向公平性，可持续发展不仅要实现当代人之间的公平，也要实现当代人与未来各代人之间的公平。三是指人与自然、其他生物之间的公平性，这是与传统发展模式的根本区别之一。各代人之间的公平要求任何一代都不能处于支配地位，即各代人都有平等的选择机会。

（二）可持续性原则

可持续性原则是指生态系统受到某种干扰时能保持其生产率的能力。资源的持续利用和生态系统可持续性的保持是人类社会可持续发展的首要条件。可持续发展要求人们根据可持续性的条件调整自己的生活方式。在生态可能的范围内确定自己的消耗标准。因此，人类应做到合理开发和利用自然资源，保持适度的人口规模，处理好发展经济和保护环境的关系。

（三）高效性原则

区域可持续发展的高效性原则，不仅表现在区域经济的发展高效性，还表现在满足人类基本需求的程度。高效性原则体现在两个方面：对于物质生产来说，高效性体现的是通过先进技术最大化利用资源，以尽可能低的成本获得尽可能多的效益，实现经济的可持续发展；对于非物质层面来说，高效性主要体现的是利用现有的科学技术手段、人类文明成果来实现生产活动的高效性。

（四）需求性原则

区域可持续发展的需求性原则主要表现在区域的发展需要从人的合理需求出发，可持续发展立足于人的需求而发展人，强调人的需求而不是市场商品，要满足所有人的基本需求。

四、可持续发展观

可持续发展观所包含的内容非常广泛，可以运用到社会领域的各个方面，主要包含以下几个方面的内容（图1-5）。

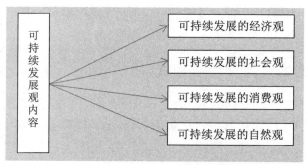

图1-5　可持续发展观的内容

（一）可持续发展的经济观

可持续发展战略要求经济的发展要与环境的保护步调相一致，强调发展经济的同时也要注重环保。在经济发展的过程中，要把环境保护作为一项重要的组成部分列到发展规划当中，作为衡量经济发展水平的重要指标。

（二）可持续发展的社会观

当今，可持续发展作为一种崭新的社会发展观受到了人们普遍的关注。越来越多的人认识到，人类社会必须树立可持续发展观，保护环境和合理利用资源，人类的未来才有希望。加深对可持续发展社会观的理解对我国实现现代化建设目标具有重要的现实意义。

（三）可持续发展的消费观

可持续消费的实施是一项系统工程，它需要政府的正确导向、公众的参与以及开展对消费主体的环境教育。消费者教育是环境教育的主要内容，实际上就是树立资源意识和环境意识。

（四）可持续发展的自然观

这里的自然观的出发点是人如何看待大自然，落脚点是如何看待和处理人与自然的关系。从古至今，关于人与自然的关系问题，中外学者均有所思考。

第二节　国外可持续发展模式

一、美国的可持续发展模式

美国的可持续发展战略的实施是在 1996 年。1993 年，美国时任总统克林顿发布总统令，决定成立"总统可持续发展理事会（President's Council Sustainable Development，简称 PCSD）"，经过长达三年的准备，1996 年 2 月出台了《美国国家可持续发展战略——可持续的美国和新的共识》（以下简称《共识》），该《共识》系统地介绍了美国实施可持续发展的国家目标、新世纪发展框架、信息及教育、加强社区建设、自然资源管理、美国人口增长与可持续发展、美国的国际领导地位等。《共识》的实施由总统可持续发展理事会、可持续社区联合中心两大机构管理，总统可持续发展理事会处于主导地位，可持续社区联合中心主要管理的事务是帮助美国的各大社区实现自给自足，实施可持续发展战略。同时，可持续社区联合中心在实施可持续发展战略的过程中，可以通过提供技术分析、政策解析及相关的咨询、财政支持，最终实现美国各社区的可持续发展。

美国的可持续发展战略概括起来可以分为以下内容（图 1-6）。

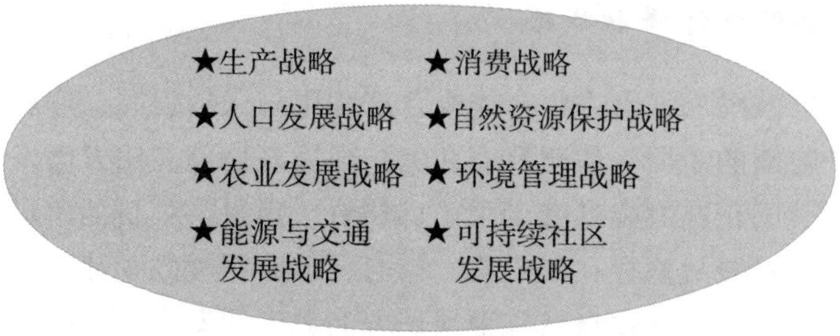

★生产战略　　★消费战略

★人口发展战略　★自然资源保护战略

★农业发展战略　★环境管理战略

★能源与交通　　★可持续社区
　发展战略　　　　发展战略

图 1-6　美国的可持续发展战略

（一）生产战略

实施可持续发展战略的目的是改变经济增长方式，增加就业，保障全民健康的同时创建宜居的环境。因此，美国企业在发展的过程中进行了一些大胆的尝试，如扩大产品的责任链，即政府层面明确规定了产品的规格、生产、使用、处理的方法，以保护环境为前提，实现各环节的责任制。同时美国政府对包装及垃圾处理格外重视，特别是对一些可以回收再利用的垃圾，有严格的可回收垃圾处置流程，同时倡导政府的办公用品要优先选择有生态标签的产品，鼓励企业走可持续生产道路。

（二）消费战略

美国虽然在世界范围内的人口所占比重不高，但有着巨大的消费市场，随着人口的不断增加，美国的资源消耗量越来越高，随之而来的是环境质量也在不断下降。美国越来越意识到环境保护的重要性，开始对一些高耗材的产品收取一定的资源消耗费，通过提高消耗费的税收来减少资源的耗损，促进可持续发展。

（三）人口发展战略

美国的人口增长主要通过移民及移民在美国的子女。近几年，美国的人口发展战略主要采取引进高学历、高素质的外国人才来维持美国的人口发展，这在一定程度上增加了美国的优质人才，提高了美国的核心竞争力。

（四）自然资源保护战略

美国政府鼓励加强全方位合作来合理利用与保护资源，解决自然资源在开发与保护之间的矛盾。各州政府在保护环境与合理利用方面发挥着积极的作用。目前美国正在大幅度减少采矿、饲料、建材等项目的津贴，因为这些项目与可持续发展战略存在着矛盾。同时，政府积极鼓励社会大众投身到环境保护之中，并给一些在自然资源保护方面突出的家庭或公民给予资金上的奖励。

（五）农业发展战略

农业发展战略主要表现在制定农业扶持政策、扩大农产品市场及提高食品安全与质量三方面。在农业扶持政策上，主要是促进地方农业可持续发展战略的实施，促进企业发展深加工产业，建立生产、加工、销售的一条龙企业发展模式。美国政府继续扩大美国农业在全球市场上的影响力，进一步增强全球市场的农产品占有率，为美国农民创收，这也客观促进了环境与资源的保护，促进了农业的可持续发展。在食品安全与质量上，美国采用现代高科技手段来增加粮食、水果、蔬菜等的营养成分，加快发展无公害农产品。

（六）环境管理战略

美国修改、制定了许多环境保护与可持续发展的政策及制度。美国政府充分尊重民意，广泛采纳民众意见，及时沟通，促进了环境的可持续发展。为了实施环境管理体制，美国政府设立了示范项目，所有示范项目按照零浪费的环保标准实施。

（七）能源与交通发展战略

能源、交通为美国的经济发展作出了重大的贡献，也显著提升了美国的经济实力，但两大领域对环境的不利影响也是巨大的，因此，美国决定实施可持续发展的新能源与交通发展战略鼓励新能源技术的运用，鼓励发展再生能源、追求汽车的低能耗等来促进能源的可持续发展。

（八）可持续社区发展战略

美国政府注重社区建设。社区作为人们工作娱乐的场所，对人们的生活起着非常重要的作用，因此美国政府非常注重社区的建设，各州政府投入大量的物力、人力、财力来改善社区的环境质量及交通基础设施。美国政府通过与社区、企业、非政府机构的合作来制定社区未来的规划，让公众各抒己见，参与到社区的筹划与建设之中。美国政府还对终身教育非常重视，在社区内建设社区大学，鼓励公民接受再教育。

二、欧盟的可持续发展模式

欧盟的可持续发展战略的主要内容包括以下几个方面（图1-7）。

图1-7 欧盟可持续发展内容

（一）可持续发展目标

欧盟的可持续发展的重点主要放在了经济发展模式的转变上，主要强调以下几点：

（1）充分认识到人类社会及经济的发展需要以保护自然资源和环境质量为前提条件。

（2）为了避免自然资源的浪费，应该在生产的初期就引入资源再利用的理念，将其贯穿在整个生产过程中。

（3）应该树立正确的、合理的资源观，使人们认识到不能以牺牲环境来促进社会与经济的发展，要充分考虑到后代人的利益与安全，创新经济发展模式，实现经济发展与环境保护协同共进。

（二）欧盟可持续发展的优先领域

自然资源，包括水、土壤、自然保护区及海岸线的可持续发展与管理；

综合污染控制及废物利用与治理；

保护不可再生能源，减少其消费；

交通发展上，注重交通与管理模式的规划，改进交通现状；

改善城市环境质量，制定相应规划与实施策略，强调公众健康及安全；

提出工业风险评估及管理、核安全及国徽保护，改善公众的健康与安全现状。

（三）可持续发展管理的代表部门

欧盟指出了实现可持续发展的关键的五大行业，即工业、能源、交通运业、农业、旅游业这五大行业，不仅应该保护环境，促进公众健康，还应该实施可持续发展战略。

1.工业

工业是造成环境污染、资源浪费的重要原因，要实现工业与环境的和谐发展，需要注意以下几个方面：

首先，要引入先进的资源管理策略。将资源的合理利用作为落脚点。

其次，积极教育消费者，引导消费者选择与环境相协调的消费方式，加强公众对工业活动及产品的监督，鼓励公众对相关政策提出建议。

最后，工业方面需要制定符合环境要求的生产标准，制定出生产产品的标准。

2.能源

欧盟的国家认为，关于能源的政策是实现可持续发展的重中之重，经济增长需要一个清洁、高效、安全的环境，能源战略的关键在于能源的充分利用，需要加大可再生能源的使用，而对于一些非可再生能源，例如煤炭，就需要减少其在能源中的比重。

3.交通运输业

交通是实现互通、商品流通的重要环节，也是实现整合资源的重要途径。

4. 农业

欧盟许多国家的农业发展迅速，但带来的破坏也是前所未有的，需要避免对环境及资源的过度开发。

5. 旅游业

现代旅游业与各行业的有机结合，是发展可持续战略的重要趋势，未来的旅游业将是社会、经济活动中的重要领域，将带动经济朝着资源节约型、环境友好型的方向发展。旅游业也是连接经济发展与环境保护的重要枢纽，旅游业的发展将促进经济在发展的同时保持对环境的友好。欧盟对旅游业的规划主要有三种：促进旅游业的多样性发展、促进旅游业的服务质量的提升、促进旅游者行为方式的升级，通过这三种方式来关联经济发展，促进可持续发展战略的实施。

欧盟实施可持续发展战略的具体措施包括立法措施、市场措施、基础支持措施、资金支持机制等，这几大措施为欧盟在社会、经济、环境等方面提供了有效的保障，促进了可持续发展战略的实施。

三、日本的可持续发展模式

日本国土面积狭小，资源相对匮乏，在早期发展过程中就非常注重环保，可持续发展战略的实施是在 1994 年出台的《21 世纪行动纲领》（以下简称《纲领》）开始的，《纲领》从人口、环境、资源与发展的总体联系出发，提出了人口、经济、社会、资源与环境可持续发展的战略，具有以下几个特点。

轻人口，重环境、资源的可持续发展。这与日本的国情有关。与日本经济发展所造成的资源、环境问题相比，日本对人口问题的重视程度则轻得多，在资金、人力、物力投入等方面，人口问题都处于次要地位。《纲领》中提出的六项重点工作基本上都是围绕环境问题的，涉及人口问题的很少。

注重科学技术。在如今人类面临环境恶化与经济发展两难境地、寻求可持续发展的条件下，科学技术起着至关重要的作用，是可持续发展的重要基础。日本深谙此理，非常注重依靠科学技术开发资源、保护环境，实现可持续发展。

注重教育。人是可持续发展的关键因素，而教育是根本。可持续发展教育是提高公众可持续发展意识、培养公众的可持续发展观的有效途径。日本在多学科大纲中不断充实环境教育内容，建立了从小学到大学的环境教育体系，试图借助本国教育体制来加强环境保护工作。

四、巴西的可持续发展模式

联合国可持续发展大会又称为"里约+20"会议，这是为了纪念1992年在里约举行的联合国环境与发展大会。几十年来，巴西在保护环境、消除贫困和实现可持续增长方面取得的成就得到国际社会的公认。联合国前副秘书长沙祖康指出，在落实可持续发展议题方面，巴西走在世界前列。

大力发展可再生能源。巴西虽然资源丰富，但缺少陆地油田。20世纪70年代爆发的两次中东石油危机给高度依赖石油进口的巴西经济造成重创，从那时开始巴西便投入巨资发展燃料乙醇和水力发电，进入21世纪又开始发展生物柴油、风力和太阳能发电。为配合巴西政府发展高效节能的公共交通计划，西门子公司为巴西最大城市圣保罗的地铁四号线提供技术支持。列车使用的可控整流器能够精确调节能耗、避免浪费。

不以牺牲环境为代价上项目。作为发展中国家，巴西亟须招商引资，加快基础设施建设。但巴西政府并不因此降低对项目的环评要求。一些大型基础设施项目的环评往往历时几年，需要经过联邦和地方政府、议会、环保组织和民众的反复辩论和协商，有的项目最后被否决。

发展绿色经济，加快消除贫困。过去十几年，巴西政府通过发放贫困家庭补贴、鼓励中小微型企业、发展家庭农业和扩大就业等措施，使几千万人摆脱贫困，进入中产阶层。巴西的经验表明，在不损害环境的条件下获得经济持续增长和贫困人口下降是完全可行的。

五、东盟的可持续发展模式

东盟是东南亚地区以经济合作为基础的政治、经济、安全一体化合作组织。东盟的可持续发展模式以联合国《21世纪议程》为指导，通过制定新政策、新措施，提高国家治理环境与节约能源的能力，通过对环境保护机构的建设来制定相应的策略与实施相关的监督，通过建立环境质量标准来统一东盟的发展模式。

（一）环境与发展的决策过程

东盟的可持续发展强调了环境与发展的决策过程，决策过程中需要制定一个地区性的框架，将经济发展与环境因素充分考虑进去，注重在经济增长的同时也保护环境与节约资源。将保护环境作为一项基本政策来实施，通过保护环境来保护人类赖以生存的家园，更好地实现经济增长及模式转化。这一地区性的框架主要包括四个因素（图1-8）。

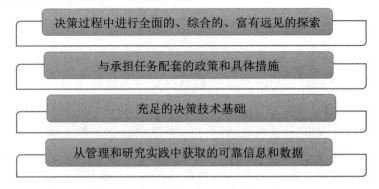

决策过程中进行全面的、综合的、富有远见的探索

与承担任务配套的政策和具体措施

充足的决策技术基础

从管理和研究实践中获取的可靠信息和数据

图1-8　东盟地区性框架的四个因素

通过环境与发展的决策过程，更好地找到可持续发展的前进方向，促进了东盟地区可持续发展模式的形成与进一步发展。

（二）加强政府与私企的联系

目前在可持续发展过程中，东盟所面临的最大的挑战是如何采用良好的环境政策来促进东盟自贸区的发展。东盟鼓励政府发展国有企业的同时，还要加强政府与私企的联系，通过各自力量的发挥来促进整个经济框架的重组以及经济增长方式的转变。

（三）其他策略

除了以上两大模块策略，东盟还通过环境信息数据中心的建设、行政机构和法律体系、生物多样性保护、可持续发展利用的体系规划以及行动计划、有害垃圾管理及控制有害垃圾的流入规定、建立促进环境无公害化技术转移的体制、积极开展地区合作、提高主管部门在可持续发展中的作用、环境计划的协调机制等方面来扩大可持续发展战略的影响，这些举措的实施都促进了东盟经济的发展，在发展的同时也优化了环境，节省了资源。

第三节　区域韧性与新发展理念

一、区域韧性

（一）区域韧性的概念

韧性是指材料受到使其发生形变的力时对折断的抵抗能力，其定义为材料在破裂前所能吸收的能量与体积的比值。区域韧性是一个区域应对发展进程中短期冲击与长期变化、积极进行自我调适与转型的能力，表征了区域的适应性、创新性与可持续性，作为新兴理念反映了地理学可持续发展与区域研究的新需求。随着可持续发展的深入，"区域韧性"的研究呈现出不断完善的趋势，其中代表性的观点为 Foster（福斯特）的可恢复力[1]、Christopherson（克里斯托弗森）等人的可调适力[2]、Boschma（博希马）的路径可新生成力[3]、贺灿飞等人的自我恢复—更新—转型力[4]、Martin（马丁）和 Sunley（桑利）的"四维度"[5]。"区域韧性"有三个方面的特征：一是区域性。不同的区域以及同一区域不同的发展阶段，都会呈现出不同的人地关系和不同特点的区域韧性，对缓解其困境所采取的路径也各异。二是综合性。区域韧性是自然、社会、经济、生态四个子系统组成复杂系统的空间

①　FOSTER K A. A case study approach to understanding regional resilience[R]. Berkeley:University of California,2006.

②　CHRISTOPHERSON S, MICHIE J, TYLER P. Regional resilience: theoretical and empirical perspectives[J]. Cambridge journal of regions, economy and society, 2010, 3(1): 3-10.

③　BOSCHMA R. Towards an evolutionary perspective on regional resilience[J]. Regional studies, 2015, 49(5): 733-751.

④　贺灿飞,夏昕鸣,黎明.中国出口贸易韧性空间差异性研究 [J].地理科学进展，2019, 38(10): 1558-1570.

⑤　MARTIN R, SUNLEY P. On the notion of regional economic resilience: conceptualization and explanation[J]. Journal of economic geography, 2015, 15(1): 1-42.

表征，而不是某个子系统的单一反映；单个子系统的变化，必然会引起其他子系统的连锁反应，进而引起整个区域系统的韧性发展。三是可调适性。区域韧性不仅指其本身作为复杂系统的包容性，还包括区域恢复稳定的弹性以及区域发展过程中的创新与转型力。

（二）城市、区域韧性发展理论

韧性可以用在心理学、生态学、灾害风险管理、城市与区域发展等方面，其中，在城市与区域经济发展方面，其主要的特征明显，在城市及区域发展过程中起着积极的作用。

随着社会分工的不断细化，人口的不断聚集，形成了脱离农业生产的一部分人，这些人聚集在一起，逐渐形成了固定的居住环境，这是城市最早的雏形。随着城市的发展，越来越多的人聚集在城市中，给人类社会带来繁荣发展的同时，还带来破坏，包括生态环境、资源的浪费，使得人们生活的城市环境变得异常脆弱，一般来说造成的破坏可以分为缓慢破坏和瞬间冲击两类。许多学者将韧性理论引入城市与区域发展研究当中，将韧性视为"转变或者重塑城市空间的能力"[①]，可以看出这些学者在研究该理论时，对这一理论带动城市及区域发展给予了厚望，他们研究各大城市的阻碍城市发展的各种因素，尤其是遭受自然灾害或是人为灾害的城市，追踪陷入缓慢危机的城市。通过对这些城市的研究发现，由于城市缺乏韧性，滋生出工业化推迟，影响着经济的发展；城市化快速集中，造成与环境、资源等方面的矛盾加剧；有的区域韧性不足，使经济发展缓慢，对经济破坏严重，造成社会的普遍贫困。

1. "建设韧性区域"网络

目前对区域韧性的研究是麦克阿瑟基金会赞助的加州大学伯克利分校的"建设韧性区域"网络，主要研究区域韧性的构成要素，以及促进城市、区域建设及强大的因素，将其研究的重点放在了经济的不稳定、基础设施较差、治理方式不当及移民问题导致的对环境、资源的向心力不足。其研究主要涉及的是相关的韧性的内涵及相关的经典案例。

布法罗大学区域研究所主任福斯特（Foster）在韧性理论的完善上作出

---

① ULTRAMARIC, REZENDE D A.Urban resilience and slow motiondisasters[J].City & Time, 2007,2(3):5.

了巨大的贡献，福斯特对区域韧性的定义为："一个地区预测、准备、应对干扰和对干扰恢复的能力。"并且还创新性地提出了韧性的四个阶段性周期：评估、准备、响应和恢复，这四个时期是可以循环的，共同构成区域韧性循环①（图1-9）。其中评估与准备阶段被称之为准备韧性，响应和恢复被称为品质韧性。这四个阶段性周期，构建出了区域韧性的评估矩阵，而准备韧性与品质韧性经过组合，按照其程度的深浅可以分为可能性成果计划韧性、短暂韧性、无效韧性及细微韧性，每个阶段都有相应的标准，通过标准可以分析城市或者区域在面对突发状况的过程中的恢复能力及速度，并进一步讨论构建区域韧性指数以测度韧性的具体细节问题，包括韧性具有相对韧性与绝对韧性，韧性的空间维度与时间维度。另外，评价的结果由相应的价值选择决定，例如选择长期目标还是短期目标等，福斯特还表示，要透彻分析城市与区域的发展，需要结合案例进行分析，通过数据的定量分析，来激活城市或区域的独特属性，以增强韧性。

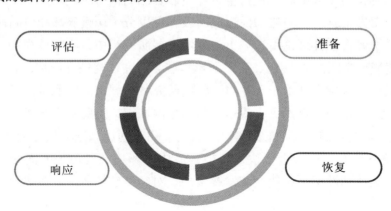

图1-9　区域韧性循环结构组成

潘达尔（Pebdall）认为经济的发展主要借助其前瞻性与创造力来预测其未来的发展状态，他强调不论区域处在一个什么样的发展状态，其衡量的标准就是看是否保持原样，或者在原样的基础上更上一层楼，只有这样的才能称之为韧性，才能促进城市、区域的发展②。

---

① FOSTER K A. A case study approach to understanding regional resilience[R]. Institute of Urban & Regional Development, 2007.

② PENDALL R,FOSTER K A, COWELLM. Resilience and regions: building understanding of the metaphor[J].Cambridge journal of regions economy and society, 2010,3(1): 71-84.

克里斯托弗森（Christopherson）对区域韧性的发展不仅拓展了理论，还在实践上有了一定的成就，其理论认为，区域韧性与区域适应的关系密切，影响着演化经济学及演化经济地理。克里斯托弗森使用文化政治经济学的相关理论及方法，探讨了韧性与竞争力之间的关系，认为城市或区域的竞争力需要某一方面及核心竞争力的凸显，如果其竞争力呈现出普遍性，也会导致韧性的下降，不利于未来的发展。① 要想提高经济的韧性，需要进一步改进方法及手段，可以从区域的实际出发，来解决发展过程中遇到的问题。克里斯托弗森还提供了一种替代性的区域战略类型学理论，通过分析区域的核心竞争力，来因地制宜地分析、解决问题。克里斯托弗森将区域韧性的维度分为多样性、分散性、相互性、模块性。克里斯托弗森与希利（Healy）还进一步拓展了区域经济韧性的概念，将其解释为抵抗、恢复及更新的多维属性。在区域经济韧性建构的过程中，他们强调人类的能动性的作用。

希尔（Hill）等相关的学者研究了经济冲击与区域经济之间的关系，他们的研究建立在美国的六大城市（夏洛特、克利夫兰等）城市，作为定量及定性的标准，研究区域经济韧性的发展过程中的各种决定因素，研究结果指出，没有完全的方案能避免区域在遭到冲击时不断增加经济韧性，没有方法能让下滑的经济迅速恢复。但区域发展中，地域的行业结构、集中度及劳动力市场都会影响区域经济韧性的发展。通过对这六大城市的定性分析，可以得出结论。出口产业及个体私营企业在经济韧性中的作用重大。而对政策制定的影响是政策制定者应该采取预防性的规划，使区域在面临风险的时候，准备好了应对风险，能将风险降到最低。在现有行业的基础上，鼓励不断创新，发展新的行业，带动新的产业的产生及发展，以此来缓解经济原因带来的冲击。

2. "转型城镇"运动

韧性话语也是近几年来研究韧性的代表性观点。韧性话语起源于英国的"转型城镇"运动，"转型城镇"运动致力于支持社区主导的对石油危机和气候变化的影响，通过具体的地方化措施来获得韧性的发展。地方化的措施

---

① CHRISTOPHERSON S,MICHIE J, TYLER P. Regional resilience: theoretical and empirical perspectives[J].Cambridge journal of regions,economy and society, 2010, 3(1): 3-10.

主要包括货币发行，减少失去历程，保留当地的经济及消费的能力来发展当地的经济。还可以通过打造社区花园，构建粮食生产基地，通过地区的节能减排，实现资源的重复利用。这一运动影响深远，从爱尔兰，一直蔓延至英国、加拿大、澳大利亚、新西兰、美国、智利及欧洲的一些地域，这些地方通过构建转型城镇，来增强区域韧性，这些城镇既包括乡村，也包括城市，是涉及多种空间的"转型城镇"。

"建设韧性区域网络"及"转型城镇"运动等从更广泛的角度看待韧性，不仅针对的是自然灾害、气候变化、资源紧缺时的挑战，还探讨了区域的韧性的发展，以此来应对重要的区域经济变化，希望用多种方式来构建区域韧性策略。经过不断实践，韧性理念对区域的发展起着积极的作用。可以应对当今时代的各种挑战，韧性还可以帮助区域的政策制定者制定符合现状的政策来促进经济发展，在强势的阶段表现出无限的生命力，在冲击的时候又能自愈，逐渐走出其低迷状态，朝着好的方向发展。

（三）国外典型区域的危机化解路径及韧性理论的应用

1. 比利时安特卫普港

安特卫普港位于比利时的西北部，也是比利时最大的海港，拥有欧洲最大的综合石化集群。第二次世界大战之后，海港迅速发展。到了20世纪90年代，安特卫普港的经济增长模式不再适应时代的发展，出现了多种问题，其经济增长速度缓慢，目前安特卫普港的四大炼油厂，分别为道达尔、埃克森美孚、安特卫普 Gunvor 石油公司、维托尔公，也面临着经济发展迟缓的现状。

（1）安特卫普港的危机冲击。2008年至今，安特卫普港共经历了三次巨大的冲击。第一次冲击是2008年的金融危机，金融危机使全球范围内的石油价格下跌，油气的使用总量也呈现出下降的总趋势，大多数的石油公司也在不断地缩减开支，可以说全世界范围内都受到经济危机的影响，因此安特卫普港也受到了重创。第二次冲击是2014年的国际动荡，主要表现在全球的原有库存过剩。第三次冲击是全球范围内的贸易摩擦，进口额的逐渐增长，也挤压了欧洲本土的市场。

（2）路径创造。安特卫普港虽然遭遇了各种各样的冲击，但安特卫普港有着良好的抗击风险的能力，通过不断转型升级，使经济保持稳定增长。

一是技术改造，安特卫普石化集群中的跨国公司拥有着充足的研发经费，在全世界范围内进行不断的创新，这些技术手段，通常会通过投资升级装备实现，装备的升级会带来能源的节约及可持续生产，促进内部效益的提升。

其二，是产业的升级，新兴领域包括循环经济的发展，循环经济同样是目前世界上重要的新兴领域，带动着生产模式、生产效率、能源节约等多方面的提升与发展。安特卫普港通过新的产业升级，实现原有材料升级为现有工业需要的材料。

其三，注重加强与外界的联系。在自我创新与革命的同时，安特卫普港区还通过达成战略伙伴关系，来加强与外界之间的联系，实现新型产业的技术研发及成果的共享，促进经济的良性互动。

（3）韧性因素分析。安特卫普港区在经历了三次较大的冲击之后，仍然具有较强的韧性，具有以下几个方面的特点：

首先，安特卫普港区具备区域性质的创新体系。区域内的多家化工巨头公司拥有研发及资本优势，其研发基地将为生产基地带来源源不断的技术上的支持。通过合作的模式来加速创新成果的外化，通过领先的化工公司、大学、研究机构三者的合作，实现安特卫普港化工产业在可持续化工领域的发展，助力这些企业朝着环境友好型、资源节约型的方向发展。例如：2010年成立了法兰德斯可持续化工创新中心、2019年启动了Moonshot工业创新计划等。其中法兰德斯可持续化工创新中心致力于研发与创新欧洲清洁技术，是可持续发展领域领先的研究和技术机构，其研究的领域广泛，主要涉及可持续材料、化学、能源、健康和土地资源利用等五个方面的技术研发工作，为应对重大社会挑战提供综合解决方案。

其次，安特卫普港区的产业朝着多样性的方向发展，化工企业的发展开始与制药、电子、生活消费品、农业等相关的领域关联发展，当经济危机来临之际，通过分散各板块的风险来增加该区域的韧性。

再次，来自政府的大力支持。安特卫普港区得到省、区域及各级联邦政府的鼎力支持，主要采取税收激励、帮助投资者建立投资网络、鼓励相关的研究机构在周边地区开展化工行业开发、引进价值链的创新活动等，实现安特卫普港的区域韧性的提升。

2. 德国北部沿海地区

德国北部沿海地区造船业发达，是德国经济的支柱产业之一。20世纪50年代是德国北部沿海地区发展的鼎盛时期，德国成为当时世界上第三大造船大国。到了20世纪90年代，德国的造船业数量开始缩减，发展出现了危机。

（1）德国北部沿海地区的危机冲击。其主要经历了两次危机冲击：第一次是1997年的亚洲的金融危机，造成亚洲各国的经济普遍下滑，进一步影响了全世界范围内的经济格局。在这期间，德国最大的造船企业不来梅富坎联合集团因为经济危机导致破产。第二次是2008年的金融危机，德国的造船业再一次面临巨大的危机，表现在集装箱船的订单量几乎为零。

（2）路径创造。为了扭转这一局面，德国的北部地区通过调整产业的结构，将原来以集装箱为主的造船业业务，转向生产豪华游轮、特种船等具有高科技、高附加值的船种，实现了产业结构的创新。德国的造船业还在可持续发展战略的引领下，围绕着提效、减排、环保这三方面开展船只动力系统的创新，开发出天然气、电力及双燃料的多样性的动力系统，推动绿色船舶技术的发展。

（3）韧性因素分析。德国的造船业在危机中成功转型的原因归纳起来有以下三点：

其一，要发展海上风能，德国北部沿海地区的专用大型码头及港口的优良设施为海上风能的发展提供了有力的支持。

其二，德国政府高科技战略的推进对可再生能源的需求和风能研发产生了积极的影响。德国政府在转变产业结构的过程中，积极发展可再生能源及风能。

其三，德国政府的大力支持。不来梅与下萨克森是德国北部实施风能支持计划最早的地区，目前在德国的各区域内处于领先的地位，风能的发展促进了造船业的发展。

3. 美国阿克伦地区

阿克伦被称为"世界橡胶之都"，其代表性的轮胎公司有百路驰、固特异、通用轮胎、凡士通。20世纪80年代到90年代，随着德国其他轮胎制造商的兴起，阿克伦地区的轮胎业由于技术落后开始走向没落。

（1）危机冲击。阿克伦地区的冲击首先是来自新技术方面，这是阿克伦轮胎面临的主要危机，法国米其林集团首创的子午线轮胎以其优越的技术逐渐取代了传统的斜交轮胎。该区域的企业还面临着被收购的威胁，国际的需求变化对阿克伦地区的影响深远，子午线轮胎的流行促使新的消费潮流形成，原有的轮胎生产模式无法适应现在的需求，导致轮胎制造业及轮胎相关产业的劳动力大量流失，给行业的发展带来了前所未有的挑战。

（2）路径创造。阿克伦面对上述危机，开始通过创新和加强与外界的联系的方式来促进轮胎业的发展，阿克伦给自我的重新定位由原来的"橡胶城"转变为"聚合物谷"。将高新技术与现代的轮胎制造进行结合，走创新的道路，不仅在橡胶产品上独树一帜，还在创新设计上有所突破。

（3）韧性因素。阿克伦在面对巨大的冲击时，适时地采取新的发展路径，帮助这些大型企业实现经济创新与发展，其韧性因素主要表现在三个方面：

其一，是加强与跨国公司、科研机构、大学的相互联系，尤其大学为轮胎公司与聚合物相关的结合提供了知识共享平台，所以阿克伦产业的发展很大程度上依托高校的力量，例如建立了阿克伦大学轮胎研究中心、应用聚合物研究中心，促进高校知识的共享与技术的不断转化。

其二，发展多元化的产业模式。阿克伦注重对上游产业链的延伸，包括研发团队对专业技术的拓展，例如将聚合物研究拓展至其他的研究领域，包括纳米产业、特种化工、新材料等。

其三，加强产业内部与外部的双向联系。阿克伦还注重与地方的紧密合作，通过组织地方的聚合物产业发展，例如阿克伦大学研究基金的建立，就是为了促进聚合物学科发展与技术商业化，促进本地人才的培养，不断为当地产业的发展奠定基础。此外，阿克伦在产业发展上具有国际视野，建立了全球轮胎相关知识的共享体系，促进了轮胎产业的知识与技术方面的交流，通过与国外先进的轮胎公司建立合作关系，来促进国际化视野的开拓。

二、新发展理念

2015 年的中国共产党第十八届中央委员会第五次全体会议在北京举行，全会首次提出"实现'十三五'时期发展目标，破解发展难题，厚植发展优势，必须牢固树立并切实贯彻创新、协调、绿色、开放、共享的发展理念"。在 2018 年 11 月 18 日的亚太经合组织第二十六次领导人非正式会议上，习近平指出："中国坚持以人民为中心的发展思想，践行创新、协调、绿色、开放、共享的新发展理念。过去几十年，中国 7 亿多人口摆脱贫困，将在 2020 年实现全面脱贫。中国经济对世界经济增长的贡献率一直保持在 30% 以上。同时正在加快从高速增长转向高质量发展。今年，消费对中国经济增长的贡献达到 78%。中国经济长期稳定向好的总体势头会继续保持下去。"

发展是时代的主题，是人类社会永恒的主题。当然，经济发展的同时，一系列的问题也会接踵而来。面对新的问题与挑战，需要提出新发展理念，才能推动经济的发展。

（一）创新是引领发展的第一动力

创新是发展的第一动力，在发展的过程中坚持创新是经过不断实践得出的结论。改革开放之后，我国经济的发展依赖投资、出口、劳动力供给，但随着时代的发展，这些条件都发生了根本性变化，主要表现在产能过剩、出口难度增大、劳动力成本增加。在这样的情况下，创新理念起着至关重要的作用，无论是产业的优化，还是经济实现可持续增长，创新理念可以作为指导性理念，不断整合各方面的资源优势，实现经济的快速发展。

创新分为理论创新、制度创新、科技创新、文化创新等，在开展工作的过程中，将创新的理念贯彻到工作的方方面面，在全社会范围内形成浓厚的创新氛围。

（二）协调是持续健康发展的内在要求

协调主要强调各区域协调发展，主要解决的问题是当今的区域发展不平衡的现状，强调公民的重要性，其目的是为了提升广大民众的生活质量。协调强调的是各主体之间的相关适应，培养在矛盾面前不断化解的能力，促进局部协调。协调发展的新理念不仅包括整体与部分之间的协调关系，也包括全局下和整体中的各个组成要素之间的多方面、多层次、全方位的动态发展，实现动态的平衡与发展。同时，协调必须促进发展，部分之间的协调需要在整体的基础上进行提升，包括在协调发展的过程中不断开拓发展空间，不断加强薄弱环节的发展，增加发展的韧性与后劲。协调发展是区域的协调发展，是城乡的协调发展，是物质文明与精神文明的协调发展，是经济建设与国防建设的融合发展。就目前的发展现状来说，还有许多不协调的因素，主要包括部门之间处于分割状态、地区封锁等，这些都阻碍了经济的发展。

新时期、新形势下，协调发展具有一些新的特点（图 1-10）：

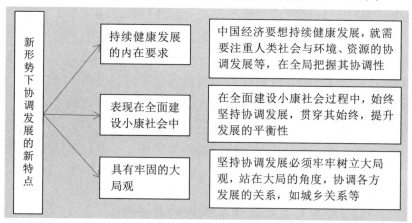

图 1-10　新形势下协调发展的新特点

其一，协调发展战略是持续健康发展的内在要求，中国的经济需要在全局上把握其协调性，只有各方面保障协调发展，才能使中国的经济走得更远。纵观我国的经济、社会发展历程，协调越来越受到重视，不仅表现在人类社会与环境、资源的协调发展，还包括经济结构、区域城乡之间的协调发展等，为全面建设小康社会奠定了坚实的基础。虽然经济得到一定的发展，但经济发展过程中的不平衡、不协调问题明显，区域之间、城乡之间的发展出现了不同状况的矛盾，不仅对经济的发展产生阻力，还制约了可持续发展进一步实施。

其二，协调发展表现在全面建设小康社会中。不仅要看社会经济发展的总量，还要看经济发展的质量，需要在发展物质的基础上，同时促进精神、文化方面的提高。一个国家的综合实力的提升，在强调经济发展、GDP、技术等"硬实力"的同时，还要促进文化、精神等"软实力"的发展，需要将软实力与硬实力进行观照，统筹各方面的发展。我国正处于重要的战略机遇期，需要不断地拓展发展空间，而协调的发展理念可以改变城乡之间的发展不平衡，补齐新型工业化、信息化、城镇化、农业现代化的各个短板，着力提高发展的协调性与平衡性。

其三，坚持协调发展需要牢牢树立大局观。发展要以社会主义事业的发展大局为重，正确处理发展过程中各重大关系，在发展中要重点协调城乡区域发展，促进新型工业化、信息化、城镇化、农业现代化的发展。这些需要放在一起综合考虑，不断提高发展的整体性与协调性。

习近平指出，协调既是发展手段又是发展目标，还是评价发展的标准和尺度。协调涉及的是整个发展过程中的经济、环境、生态、科技、社会、人之间的共同发展，协调发展符合社会、经济发展的内在要求，促进人与人、人与社会、人与自然的和谐相处，协调发展并不是一个静止的状态，而是通过不断解决各个方面的问题，推动事物向前发展，所以协调发展是一个动态的过程。现实的经济发展中，不可能一直处于持续增长中，还可能因为某些原因出现停滞，甚至倒退，但运用协调的发展理念，可以不断提高经济发展质量，在经济运行良好的情况下加快发展，最终实现可持续发展。

（三）绿色发展是实现永续发展的必要条件

绿色与环境、能源之间有千丝万缕的关系，绿色发展强调的是人与自然之间的和谐共生。人类社会要实现持续的发展，需要遵守自然、顺应自然、保护自然，如果发展过程中一味地破坏自然，最终也会影响社会的和谐发展。树立绿色发展理念，需要将节约资源、保护环境作为核心，在发展的过程中坚持可持续发展战略，坚持走生产发展、生活富裕、生态良好的文明发展模式，建设资源节约型与环境友好型社会，实现人与自然的和谐相处。

以往的发展过程中，发达国家采取的是先污染、后治理的发展模式，为此付出了沉重的代价，所以建立在环境破坏基础上的经济发展不是长远之计。现如今，人类面临着诸多的环境问题，主要表现为雾霾、饮用水污染、土壤污染、食品药品不安全，严重影响着人们的身体健康与生活质量。

（四）开放是国家繁荣发展的必由之路

开放作为我国的基本国策，为社会及经济的发展奠定了良好的基础。我国要顺应时代发展的要求，融入世界经济发展大潮，不断发展本国的经济，增强国际竞争力。我国对外开放从沿海开放、沿边开放、内陆开放再到全面开放，顺应了经济全球化和我国经济深度融入世界经济的大势。国际发展经验表明，任何国家都不可能孤立于世界经济体系之外封闭发展。我们应利用好重要战略机遇期，深刻认识重要战略机遇期内涵发生的深刻变化，发展更高层次的开放型经济，积极参与全球治理，推进"一带一路"建设，构建广泛的利益共同体和命运共同体，提高我国在全球治理中制定规则的话语权，维护国家经济政治安全，防止国际风险对我国产生系统性影响。

（五）共享是中国特色社会主义的本质要求

共享的发展理念包括全面共享、全民共享、共建共享、渐进共享四个方面。

（1）全面共享指的是要共享社会发展过程中，在经济、政治、文化、生态等方面的成果，全面保障人们的各方面利益。

（2）全民共享是实现不是少数人或一部分享有，而是所有人共同享有。

（3）共建共享指的是在共建的过程中实现共享，只有共建才能共享。

（4）渐进共享是一个过程，是实现共享由低级到高级、由不均衡到均衡的过程。

要树立起共享的发展理念，需要坚持发展为了人民、坚持发展依靠人民、发展成果由人民共享，使全民在共建共享的过程中获得更多的荣誉感与幸福感，使全民朝着共同富裕的目标前进。

发展的目标是实现共享，这是我国建设中国特色社会主义的本质要求。当前，在就业领域应高度关注和解决好以大学毕业生为主的青年就业问题，化解产能过剩中的就业与职工安置问题，以及农村劳动力进一步转移问题；在教育领域应解决好教育公平问题，加大农村教育投入，加强农民工职业培训，防止农村贫困人口因教育短缺而造成贫困代际传递；在收入分配领域应进一步缩小城乡、区域和社会成员之间的收入差距，进一步加快减少贫困的步伐；在社会保障领域应突出解决好进城农民工转变户籍后的同工同保问题，加快推进户籍人口城镇化，基本实现社会保障法定人口全覆盖；在医疗健康领域应解决好看病难、看病贵问题，解决好食品药品安全问题；在社会治理方面应协调好征地拆迁补偿、复转军人安置、水利工程移民安置等方面的矛盾，用法治思维与法治方式处理上访和群体性事件，维护社会治安秩序和人民生命财产安全，使全体人民在发展中有更多获得感。

新发展理念的这五大部分相互关联，共同组成了不可分割的整体。从内容上看，这五大部分——创新、协调、绿色、开放、共享各有发展侧重点，最后又统一于一个整体。从逻辑关系来看，第一动力、内在要求、必要条件、必由之路、本质要求是环环相扣的关系，构成了我国社会发展的不可或缺的因素（图1-11）。从整体的效能看，新发展理念是对传统发展理念的进一步完善，紧随时代发展的潮流，在发展过程中增强其统一性、包容性与可持续性。从操作层面来看，新发展理念需要一以贯之，缺少哪一环的发展都是不完整的，要注重系统性，运用科学的思维进行统筹兼顾、协同发展。

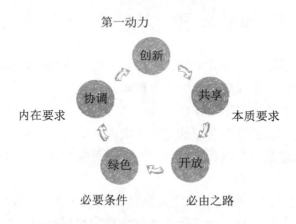

图1-11　新发展理念的五大部分

三、区域韧性与新发展理念协同发展

（一）区域韧性与新发展理念的关系

区域韧性是世界应对风险的恢复能力，是21世纪全球可持续发展的重要议题，强调区域韧性的弹性；新发展理念是我国小康社会决胜阶段破解发展难题的科学发展理念，强调区域韧性的创新性。两者均是为了促进区域协同发展和可持续发展，是区域可持续发展的两个方面。

（二）韧性城市与新发展理念的一体化

1. 韧性城市特征

稳健性、可恢复性、冗余性、智慧性、适应性五个特征。

五大特征之间是相互联系的，综合体现区域"弹性"的能力。

2. 韧性城市构建中的新发展理念

"十四五"规划提出"全面提升城市品质"的发展目标，明确指出要"顺应城市发展新理念新趋势，开展城市现代化试点示范，建设宜居、创新、智慧、绿色、人文、韧性城市"。韧性城市与传统的城市在防灾上的区别主要表现在防灾系统、防灾层次、防灾体系、防灾教育四个方面。

韧性城市的发展需要具备系统性的适应能力，系统性表现在城市内的经济、政治、文化、生态等方面具有较大的抗压性，具有恢复力、包容性、灵活性、冗余性等，城市韧性主要包括经济韧性、设施韧性、服务韧性、治理韧性、生态韧性等（图 1-12）。

图 1-12 城市韧性的内容

对于经济韧性，需要构建较为完善的经济发展体系，在城市遭遇冲击的时候能保障物质及资金的充足。发展经济韧性需要增强产业链之间的韧性，增强产业之间的协同发展。

设施韧性指要建立安全、可靠的基础设施体系，为城市提供更加宜居的环境，促进城市的可持续发展。

服务韧性指的是基本的公共服务的能力，公共服务包括能源、水、食物、医疗、卫生等领域，要建立长效、安全的机制，在遇到紧急情况的时候，能采取灵活的救助方式，促进社会的长治久安。

治理韧性强调的是城市应对社会变化的能力，增强居民对社区的归属感，实现治理能力的提升。

生态韧性指的是要实现自然资源与生态环境的保护，提升城市抵御灾害能力。

城市韧性发展过程中，需要借助新发展理念的发展思路来为城市韧性打下良好的基础，创新是实现城市韧性的前提，只有不断创新防御模式，才能升级城市的韧性；协调强调城市韧性的全面发展，形成凝聚力，提高城市应对灾害或压力的能力；绿色是进一步减少灾害发生，寻求低碳、可持续发展的前提；开放相对于封闭而言，城市要发展自我韧性，需要在开放的空间中，利用一切有利的资源发展；共享强调的是打造人类宜居城市的可贵性，要增强城市的韧性，最终的目的是实现劳动成果归全部市民所有。

（三）韧性村镇与新发展理念

1. 村镇韧性的选择

村镇既是乡村生产、生活、生态空间的载体，也是城市生态系统功能的重要补充。随着城镇化水平的提高，亟须乡村高质量发展，提高村镇韧性。党的十九大适时提出了乡村振兴战略，是为了缩小城乡差距，构建和谐共生的城乡关系。新时代乡村高质量可持续发展，需要结合国土空间相关规划，引入韧性理念，规划韧性村镇，可以有效促进城乡融合发展，实现乡村振兴。

要构建韧性村镇，需要加强以下几个方面的韧性建设（图1-13）：

空间韧性，首先，需要构建城乡基础设施与公共空间；其次，要完善城乡交通系统；最后是相关的能源、通信、医疗、垃圾处理等公共服务空间。

生态韧性，即积极落实耕地保护制度，坚持农业、农村优先发展的战略，坚守粮食底线。生态韧性还体现在要全面保护生态环境，构建优良的生态平衡圈，提升生态韧性。

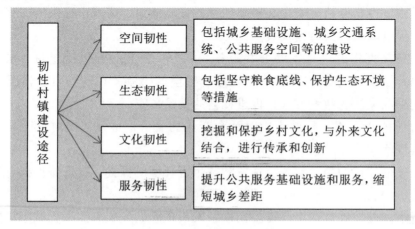

图1-13　韧性村镇建设途径

文化韧性，即要积极挖掘乡村文脉，深度挖掘乡村文化，尝试与外来文化进行结合，促进优秀农村文化的继承与发展。

服务韧性，即要加强公共服务基础设施及服务的提升，促进乡村的振兴，缩短城乡差距。

2.韧性村镇构建中的新发展理念

韧性村镇的建设同样离不开新发展理念，创新包含着空间创新、生态创新、文化创新及服务创新，村镇韧性也需要创新性发展。协调，一方面强调韧性村镇是韧性城市的功能补充，另一方面，韧性村镇也是韧性城市的应急保障。两者相互补充，共同促进区域韧性的提升。绿色强调的是转变村镇的生产方式，发展高效、低碳的绿色产业，进一步提升村镇的韧性。开放体现着乡村振兴的手段，只有开放，才能发展，才能提升乡村应急能力，才能发展当地文化，才能培育特色产业。最后，与城市韧性一样，村镇韧性建设的目的是成果为全体人民所有，增强村镇整体的韧性，扩大影响范围，促进韧性与发展的良性互动。

第二章　区域产业结构与经济韧性

第一节　区域产业结构

一、区域产业结构的相关内容

（一）产业及产业结构

1.概念界定

产业是具有某种同类属性的企业经济活动的集合。产业还泛指国民经济的各行各业，不仅包括生产部门，也包括流通部门、一般服务行业和文化教育行业等，是介于宏观经济组织与微观经济组织的一种概念。[①]

产业结构广义上来说，指的是"国民经济各产业之间和产业结构内的量的比例关系、产业组织、产业技术水平、产业区域分布"[②]。

产业结构具有层次性、相关性和相对性。

首先，层次性指的是产业结构在不同的发展时期有着不同的层次，随着产业发展的变化而变化，产业结构的变动追求的是由量变到质变、由初级到高级的发展过程。产业结构主要包括三个层次（图 2-1）。例如，在工业中可以分为重工业、轻工业等，通过建立不同层次的产业结构，可以使得产业结构更加科学合理，促进整个产业的健康发展。

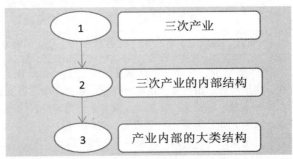

图 2-1　产业结构的三个层次

①　葛雨飞.我国产业结构与就业结构关系的实证研究 [D].杭州：浙江理工大学，2011.
②　王晓辉.中国产业结构的动态投入产出模型分析 [D].哈尔滨：哈尔滨工程大学,2010.

其次，相关性指的是产业与产业的要素之间、产业结构之间、产业要素与产业结构之间的相互关系。产业结构调整的时候要注意各要素之间的协调性，实现产业结构的优化，促进产业向前发展。

最后，相对性指的是产业结构的形成并非形成之后就处于静止状态，而是一个动态的发展过程，需要根据实际情况进行调整，才能不断发展。现实情况受当时的社会生产条件、生产水平、社会需求的变化等因素的影响，所以，产业结构也需要进行相应的调整。产业结构经历了农业为主、工业为主、服务业为主的生产形态，并随着时间的变化表现出更多的变化，所以产业结构的相对性是对某一时间段的产业的比例的总结，随着时间的变化，各要素之间也发生变化。

2. 产业结构的分类

对产业的分类最早可追溯到 1935 年，是由著名的经济学家费希尔提出的，他将经济活动分为三类，并按照经济活动的不同对产业进行三级分类：即初级产业、第二级产业、第三级产业。其中，农业、林业、牧业、渔业归为初级产业；矿业、制造业、交通业、营造业、通信业等归为第二级产业；服务业归为第三级产业。目前，最常见的分类法，是国际上通用的三级产业结构分类法，分为第一产业——农业、第二产业——工业、第三产业——服务业。对三大产业的具体划分可参见经济合作与发展组织和世界银行的划分方式，如表 2-1 所示。

表2-1　经济合作与发展组织和世界银行划分的三大产业

三大产业	具体产业
第一产业	农业、畜牧业、林业、渔业、狩猎业等
第二产业	制造业、建筑业、自来水、电力和煤气生产、采掘业、矿业等
第三产业	商业、餐饮业、仓储业、运输业、交通业、邮政业、电信业、金融业、保险业、房地产业、租赁业、技术服务业、职业介绍、咨询业、广告业、会计事务、律师事务、旅游业、装修业、娱乐业、美容业、修理业、洗染业、家庭服务业、文化艺术、教育、科学研究、新闻传媒、出版业、体育、医疗卫生、环境卫生、环境保护、宗教、慈善事业、政府机构、军队、警察等

目前我国普遍使用的分类标准，是 2017 年修订的《国民经济行业分类》。

3. 影响产业结构变动的因素

一切决定和影响经济增长的因素都会不同程度地对产业结构的变动产生直接或间接的影响。知识与技术创新、人口规模与结构、自然资源禀赋等是一国产业结构演变过程中的基本制约因素，下面介绍几个重要的因素（图 2-2）。

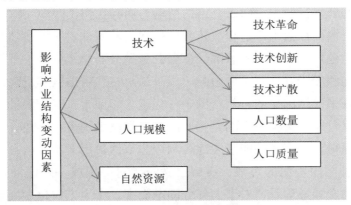

图 2-2 影响产业结构变动因素

技术革命、技术创新和技术扩散都会对产业结构的升级产生影响，特别是技术革命，往往导致一些新的产业部门的诞生。科学技术要成为推动经济增长的主要力量，必须从知识形态转化为物质形态，从潜在的生产力转化为现实生产力，而这一转化正是在技术创新这一环节实现的。技术创新是一个不间断的过程，从动态角度看，技术创新过程是由科学研究形成新的发明，新产品开发、试制和生产，试产营销等环节构成的。技术创新是产业成长和发展的推动力量。技术创新促进产业发展的例子不胜枚举，就农业而言，现代农业与传统农业相比，其科技含量不可同日而语。现代农业科技在形成自己完整体系的同时，其他众多门类的自然科学与社会科学、技术科学与经济科学不断向农业科学渗透、交融，从而形成许多新的交叉点，拓宽了农业生产领域，推动现代农业持续发展。

人口规模具有数量与质量两个方面的规定。人口数量是指一国某一时间点上的人口总量，质量指的是在既定的人口总量中不同的构成。在自然资源、资本数量与可利用技术既定的条件下，经济增长的速度或一定时期国民产出的增加取决于可资利用的劳动数量。劳动力数量增加来源于人口自然增长、劳动参与率提高、移民和劳动时间延长。在经济发展初期，人口增长迅速，经济中劳动的作用主要表现为劳动力数量的增加。发达国家在工业化初期推动其产业结构转换的起始阶段，曾经受到了劳动力供给不足的制约。在经济发展到一定阶段后，劳动力质量起主要作用，而劳动力质量的提高主要源于人力资本投资。现实经济生活中，产业结构的变动或某个地区的兴衰都会迫使劳动力流动，一方面，衰退行业劳动力需求减少引起大量失业；另一方面，一些新兴行业由于缺乏合格的劳动力而存在岗位空缺。

自然资源是社会生产过程所依赖的外界自然条件。一国自然资源的禀赋状况（包括地理位置、土地状况、矿藏总量及分布、水资源、气候等）对一国产业结构和经济发展有重要影响。经济最早在寒带地区和沿海地区得到发展，当今许多发达国家的自然资源条件优越，印证了自然资源的重要性。自然资源状况对产业结构的影响是相对的，科学技术的进步将使许多原来难以采掘的资源得到开发，并能开展综合利用和节约代用天然原料；通过国际贸易可以弥补国内资源的短缺，缓解自然资源对一国或一地区产业结构的制约。从纵向发展过程看，对于大部分国家而言，作为工业化发展与经济增长的初始条件或先决条件，自然资源禀赋在一国产业结构转换过程中的不同阶段，其作用与影响是不同的。越是在初、中期阶段，其影响与作用可能越大。当初级产品生产的比较优势被制造业所取代，从而完成了起飞与初期阶段向中期阶段过渡时，它的作用与影响会趋于减小。

（二）区域产业结构

1.区域产业结构的定义

区域产业结构是全国经济空间布局在特定区域的组合的结果。在某特定区域内，之所以拥有某种类型的产业结构，是由该特定区域的优势和全国经济空间布局的总体要求所决定的。

2.区域产业结构的特征

区域产业结构的主要特征表现在以下几个方面（图2-3）：

（1）条件制约性。区域经济条件影响、制约区域产业结构，表现为对产业的类型和演化的影响。例如，东部沿海地区由于能源、原材料的限制，它的产业不能发展或少发展那些高耗能和高耗材的产业部门；老少边穷地区的条件决定了它不能发展知识密集型产业。当然，有些条件不是一成不变的，条件的变化可以促使产业结构的变化。

（2）部门结构与空间结构的区域统一性。不同地区或同一地区的不同发展阶段产业结构是不同的，不同的产业结构也可以反映产业结构的阶段性，不同的产业空间结构可以反映产业结构的空间特征，产业部门结构与产业空间结构是内容与形式的关系，前者是后者的内容，后者是前者的空间表现形式，它们在区域上得以统一。

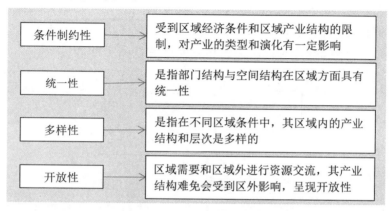

图 2-3 区域产业结构的特征

（3）多样性。区域条件多样性和复杂性决定了区域产业结构的多样性。由于各区域所处地理位置、资源状况及经济发展阶段等不同，所以产业结构的类型和层次总是多样的。任何地区的产业结构层次都会随着生产力的发展，不断向高层次变化，从区域空间结构上看也是在不断变化的。

（4）开放性。区域产业结构形成和演变也受到区外环境的影响，与区外不断进行着物质、技术、信息、人才和资金的交流。现代区域产业的发展绝不是封闭的，总是在更大区域范围内，在劳动地域分工中担当不同的角色。区域产业结构的开放性要求我们在分析、确定产业结构时，不能就区域论区域，要从大区、全国乃至世界的全局着眼。

二、区域产业结构优化理论

（一）产业结构优化的内涵

产业结构优化是指通过产业调整，使各产业实现协调发展，并在满足社会不断增长的需求的过程中合理化和高级化。主要依据产业技术经济关联的客观比例关系，遵循再生产过程比例性需求，促进国民经济各产业间的协调发展，使各产业发展与整个国民经济发展相适应。

（二）区域产业结构优化理论的内容

区域产业机构优化理论从区域经济出发，通过定性与定量两种方式，制定符合当地发展的产业政策，实现产业之间比例关系的协调和关联水平的提高，促进产业各要素之间的充分组合，实现各资源之间的最佳配置，实现区域内部的优势互补与区域外部的相互关联，实现区域经济的协调发展。

区域产业结构优化理论的内容包括两个方面（图2-4）：

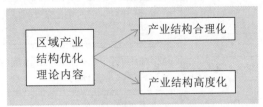

图2-4　区域产业结构优化理论内容

（1）产业结构合理化。产业结构合理化的要求是在一定的经济发展阶段，根据消费需求和资源条件，理顺结构，使资源在产业间合理配置。其主要表现有国民经济各部门的协调发展，社会的生产、分配、交换、消费顺畅进行；国民经济持续稳定、快速增长；社会需求得以有效实现。

（2）产业结构高度化。产业结构高度化是指资源利用水平随着经济技术的进步，不断突破原有界限，从而不断推动产业结构中朝阳产业的发展。其主要表现在高加工度化、高附加值化、技术集约。

三、产业结构多样化

产业结构多样化的概念有静态和动态之分。静态的产业结构多样化又称产业结构多样性，它描述的是一个区域某个时点上的状况；动态的产业结构多样化描述的是一个产业结构变化的过程，也可以认为是静态多样化加上时间维度后形成的一个概念。

近年来，区域经济得到良好的发展，尤其是资源型的区域，在产业转型方面取得了较大的成绩，使民生得到改善，人们在不断优化的生态环境中生活、学习和工作。而表现在产业结构方面，则实现了产业多样性，即由原来的一业独大到多样性发展。

要想在产业结构方面实现优化，需要发展多样性的产业，不断壮大产业的体系，逐渐转向以新技术、新产业、新业态、新规模为核心的新的发展模式，促进多样性的产业格局的出现。

总之，产业结构多样化有助于推进区域内经济循环，以提高区域产业的附加值，实现途径有两种：一是延长价值链或产业链，使更多的价值创造活动在区域内完成，在区域间专业化分工体系下，越来越细化的分工使区域内经济循环支离破碎。产业内的分工虽然促进了生产效率的提高，但对于处在产业链和产品价值链低端的区域来说，区域内从事低端产业的劳动力的相对收入水平下降了，而区域产业链比较完整的地区则得到了快速的发展。二是通过增加资本品、中间品等的区域内供应，促成更多产业部门的建立。

四、产业结构合理化

区域要想实现经济协调发展，其产业结构必须合理化，不同产业之间可以相互配合、合理配置，如此才能提升产业结构的稳定能力，从而促进经济发展。

（一）产业结构合理化内容

产业结构合理化包含两方面的内容，一是指产业和产业之间具备较强的协调能力，关联较为紧密；二是指产业结构的动态平衡，具有较高的产业素质，这两方面的内容都强调了同一点，即协调。可见，协调是产业结构合理化的关键和核心，包括以下内容（图2-5）。

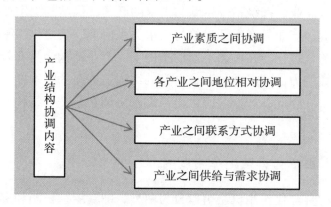

图2-5　产业结构协调内容

1.产业素质之间协调

所谓产业素质之间的协调，是指相关产业之间在技术水平和劳动生产率方面的协调。如果相关产业素质之间不协调，很容易导致产业之间出现较大的摩擦，不能很好地提供产品或服务，影响整个产业结构的合理性。例如，某个产业的下游产业如果技术水平较低或劳动生产率较低，则不能很好地提供相关服务，会影响该产业的进一步发展。

2.各产业之间地位相对协调

每个产业在产业结构中所处的地位是不同的，有的产业在产业结构中处在比较高的地位，而有的产业处在比较低的地位，如果将这两者产业放在相同的地位，平等发展和看待，很容易出现主次不分的现象，对整个产业结构来说，会导致产业结构无序。正所谓尺有所长，寸有所短，每个产业都用自己的优势和劣势，在调整产业结构时，需要结合产业的经济作用和增长速度等优势，使得各个产业有序排列，产业地位相对协调，保证产业结构的合理化。

3.产业之间联系方式协调

对整个产业结构来说，产业之间是相互依赖和相互影响的，其存在着投入和产出的关系。如果各产业之间可以相互服务，联系紧密，则可以有效降低产业的投入、增加产业的产出。因此，产业之间联系方式协调对产业结构具有非常积极的影响，在优化产业结构时，需要注意产业之间联系方式协调。

4.产业之间供给与需求协调

无论什么产业，都绕不开供给与需求的话题，供给与需求协调是产业健康发展的关键，产业只有保证供给与需求关系协调，使之供需平衡，才能保证产业结构的合理化。在供需平衡的条件下，产业结构会具有较为强大的适应能力和应变能力，可以通过调整自身的结构适应新的需求变动，很好地对抗外来的冲击。因此，产业之间供给与需求协调，是产业结构合理化的关键所在。

（二）产业结构合理化作用机制

产业结构合理化作用机制可以分为两种，即自组织机制和宏观调节机制（图2-6）。

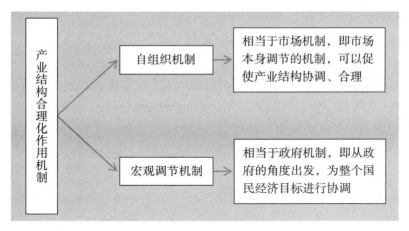

图 2-6　产业结构合理化作用机制

其中，产业结构的自组织机制，就是市场机制。众所周知，市场本身具有一定的调节能力，企业可以根据市场需求进行调整优化。例如，产业可以根据价格机制对自身结构进行调整，这同时会对整个产业结构形成影响，促使产业结构变得更加协调，由不合理趋于合理。

和自组织机制不同，宏观调节机制是有政府进行控制的，政府会采用某些措施，围绕整个国民经济目标，制定一系列的产业政策或运用一些宏观经济杠杆，从总体对产业结构进行协调，以保证整个产业结构的协调、合理。

第二节　区域经济韧性

一、区域经济韧性的概念

区域经济韧性的相关概念分别带有物理韧性、生态韧性和适应韧性的痕迹，因此我们在对区域经济韧性进行定义时，需要把握和区分三大理论主流。一是从物理韧性视角解读，一个系统对干扰的抵抗和瞬时反应以及回到冲击前稳定状态的恢复速度，研究重点在于恢复速度，即区域经济在面对一些外来冲击时保持预先存在的平衡状态的能力及区域经济经历外来冲击后能够回到冲击前水平的增长速率。二是从生态韧性视角解读，韧性被理解为在经济干扰下，推动区域经济系统进入一个新的状态中的能力，经济被锁定为一个低水平的平衡之后快速转换至一个更好的平衡的能力。三是从适应韧性视角解读，区域经济韧性被理解为在遭遇外部压力、困境及干扰之后迅速恢复功能所需的自适应、学习、自组织和对干扰的抵抗能力。

本书将从适应韧性角度来分析区域经济韧性。纵观区域社会经济发展，可以发现，整个区域经济系统内各要素之间错综复杂，其发展具有动态性、共同进化、更好的指向性等特点。从适应韧性角度解读，区域经济韧性可以界定为"四力"，即抵御力、恢复力、组织力、更新力。

抵御力：区域经济系统抵抗外部因素的冲击，充分保持其功能、配置的能力。

恢复力：区域经济在维持内部结构稳定及功能稳定的基础上恢复经济发展的能力。

组织力：即区域经济面对外部因素的干扰，为了恢复原有的经济发展节奏，重构内部的结构及功能，以更好地适应经济的发展，促进区域经济的可持续发展。

更新力：利用现有的经济理论、技术手段来不断发展区域经济系统，构建新的发展模式与发展路径，实现原有结构基础上的不断更新，促进产业间的结构的合理化，促进区域利用有利因素发展经济。

二、区域经济韧性发展历程

所谓区域经济韧性，可以简单地把它理解为社会经济系统在遭受社会危机、经济危机等风险后的恢复能力，其对社会经济的发展具有至关重要的作用，是社会经济可持续发展的重要基础。我国对区域经济韧性的研究起步较晚，可以分为以下两个阶段（图2-7）。

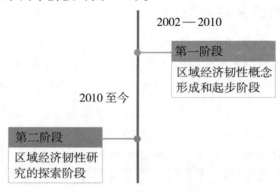

图 2-7　区域经济韧性发展历程

（一）区域经济韧性概念形成和起步阶段

在区域经济韧性概念的形成和起步阶段，其相关理论和思想大都来源于其他学科的理论，并将生态学领域的韧性等概念引入经济学中，但尚未形成系统的区域经济韧性理论体系。在这一阶段，虽然有关区域经济韧性的相关研究成果大量涌现，但借鉴其他学科理论的痕迹比较明显，缺乏经济学的分析方法，仅是停留在表面，存在很多不足，主要体现在以下方面。

第一，理论体系不够成熟，不能很好地和其他领域理论进行区分，缺乏自己鲜明的观点。例如，在生态学韧性领域中，认为生态系统是均衡的，而在区域经济韧性理论中，同样包含着多均衡思想，这和生态学韧性理论有密切的关系，因此区域经济韧性理论体系不够成熟。

第二，忽视政策和制度环境对区域韧性经济的影响。由于有关区域经济韧性的理论和观点多来源于生态学的研究成功，因此在该理论体系中忽略了政策和制度环境因素。但在实际情况中，政策和制度环境因素必然会对区域经济韧性发展产生一定影响，如果忽略这些因素，其理论体系一定是不全面的。

第三，忽视社会资本和知识网络对区域经济韧性的作用。在这一阶段，很多学者逐渐认识到社会资本和知识网络对区域经济韧性的负面作用，如过多的资本会导致认知型锁定等。所谓认知型锁定，是指人们对某件事物形成的共同认知，将自身发展的困境归因于外界客观因素。但整体来看，其尚未意识到社会资本和知识网络对区域经济韧性的积极作用。

（二）区域经济韧性研究的探索阶段

随着对区域韧性经济的进一步完善和深入，很多学者使用多种方法，付出各种努力去解决第一阶段的诸多问题，有关区域经济韧性的研究亦开始进行第二阶段。

在这一阶段，经济学领域的有关范式和分析方法被引入区域韧性经济中，同时相关实证分析迅速发展，区域经济韧性经济获得了较大的成长。除此之外，诸多研究机构和学者对区域经济韧性抱有极大的兴趣，纷纷开展相关研究。尽管如此，对区域经济韧性理论研究仍旧没有形成统一的定义，每个学者的观点仍有较多差别。可以预见的是，随着社会经济的发展，在未来，区域经济韧性理论会不断成熟和完善，发挥出其应有的作用。

三、影响区域经济韧性因素

对区域经济韧性来说，区域内的很多因素都会对其造成影响，其中比较重要、有代表性的因素有以下几种（图2-8）。

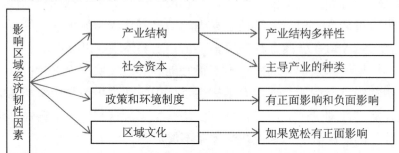

图2-8　影响区域经济韧性因素

（一）产业结构

产业结构是影响区域经济韧性的重要因素，如果区域内的产业机构不合理，会导致区域经济在面对外来冲击时，没有丝毫招架之力。这种影响主要体现在以下两个方面。

1.产业结构多样性

对区域经济来说，产业结构多样性的特点可以有效分散风险，使得区域经济可以更好地面对经济危机等风险，体现出更好的经济恢复力和弹力。如果某个区域内其产业结构比较单一，就很容易受到区域锁定，即原来的主导产业一旦出现危机，在短时间内该区域无法替代主导产业的新产业，该区域的经济发展就会止步不前，甚至出现倒退。不仅如此，还会对该区域的人民造成影响，即该域内的工人技能单一，在失业之后，很难再找到合适的工作，影响人民的生活。

总之，产业结构对区域经济韧性具有比较大的影响，通过研究产业多样性和经济韧性关系后发现，一旦遭受外部冲击，产业多样化的区域往往具有更好地应对冲击的能力。

2.主导产业的种类

主导产业的种类不同，对经济韧性的敏感度也会有所不同。有相关数据显示，如果某个地区以重工业为主，那么其经济韧性就会有所欠缺，这是因为重工业的企业具有高度专业化的特点，并会受到体制内的大力支持，这就造成了这些重工业企业比较封闭，一旦遭受重大危机，很难焕发出新的活力。因此，对区域来说，其主导产业的种类十分重要，需要具备经济韧性较强的产业。

（二）社会资本

对区域经济韧性来说，社会资本也会对其造成一定影响，但社会资本就像一把"双刃剑"，对区域经济韧性不但有正面影响，也有负面影响。

有学者提出，如果社会资本积累过多，则意味着其社会网络中不同的行为主体会产生过多的联系，区域内就容易形成一致认知，进行形成认知型锁定，这是非常不利于区域经济韧性的提高的。同时，如果社会资本积累过少，则意味着社会网络中的不同行为主体联系过少，区域内"各自为政"，很难达到提升区域经济韧性的目的。

因此，只有社会资本处于适度的情况下，社会网络中的行为主体才会有适度关联，进而促进多元化个体和认知，对提升区域经济韧性具有较好的效果。

（三）政策和制度环境

一个区域的发展离不开政策和制度环境的支持，因此不可避免地会对区域经济韧性产生影响，主要表现在以下方面。

第一，如果区域内的制度政策比较宽松，政府对企业或行业的干预较好，该企业或行业就可以获得较大的自主权，可以根据自身的实际需求谋求发展，其产业多样性就会得到提高，对经济危机等风险的应对能力就会相对提高。

第二，如果区域内的政策和制度环境比较紧张，就容易出现政府权利干预较多的情况，影响产业多元化发展，对经济发展造成一定制约。例如，东亚国家实行以政府为中心、经济规划为主导的方式，对经济干预较多，其往往会形成区域锁定，对区域经济韧性有不利影响。

总的来看，只有政府干预较少、政策和制度环境比较宽松的地区，才能赋予企业或行业较大的自主权，形成新的增长路径，使之呈现多元化特点，进而增强区域经济韧性。

（四）区域文化因素

"一方水土养育一方人"，每个区域都有各自不同的文化体系，其风俗习惯各不相同，这些文化对区域经济韧性也会造成一定影响。例如，在某些区域，其文化相对保守，认为"父母在不远游"，因而大部分年轻人选择在当地工作，从事的大都是稳定的工作，这会导致地方文化逐渐变得封闭起来，对外来文化接触较少，当地居民的创新能力有所欠缺。那么，当区域想要完成产业结构优化或转型时，就会缺乏对应的人才，其转型很难顺利完成。又如，在东部等发达区域，社会文化氛围浓厚，更加开放，年轻人都具有较好的创新能力，容易接受新鲜事物，会对区域产业转型产生积极正面的影响。

总之，在提升区域经济韧性时，不要忽视文化因素对区域经济韧性的作用，需要积极培育开放、多元的文化。

四、构建区域经济韧性新格局

研究把握区域经济发展的新特点、新趋势，制定符合自然规律、经济规律、社会规律的区域治理机制，不断增强区域经济的韧性，开创新的格局。

（一）区域的协调发展呈现出的新特点与新趋势

区域的协调发展具有新的特点与新的趋势，主要表现在以下几个方面：

（1）在经济发展规模上，东西部之间的差距不断缩小，而南北分化现象凸显。东西的差距主要表现为生产力布局的差距，一般东部发展较好，西部经济发展不够平衡。南北差距表现在开放、创新、经济活力上的差距。

（2）东南、中部、西南三大区域形成了我国经济发展的三角稳定增长带。产业的升级及转移促使这三大区域成为中国经济的稳定发展区域，三大区域作为经济增长的黄金三角区域，在国民经济增长中扮演着重要的角色。

（3）开放型经济体系的构建中，区域开放占有重要的地位。主要表现为自贸区、自贸港的开放平台的建立，"一带一路"、长江经济带、西部陆海新通道建设等战略的实施，使内陆和沿边的边缘区位劣势转为开放推动的新辐射中心优势。

（4）创新为区域经济崛起的重要因素。进入数字时代，各地域依托现代技术迎来了前所未有的发展机遇，比较有代表性的是贵州大数据产业的发展，依托大数据技术，贵州省实现了区域经济的快速发展。

（5）区域发展出现了现代城市群、现代都市圈，其发展的模式是中心城市的发展带动周围的都市圈，都市圈带动城市群，城市群又带动区域发展。

（二）五大国家战略、四大区域板块促进区域经济韧性

未来区域的可持续发展需要实现量的积累，同时达到质的稳步提高。未来的经济发展需要坚持京津冀协同发展、粤港澳大湾区建设、长三角一体化发展、长江经济带发展、黄河流域生态保护和高质量发展，探索协同推进生态优先和绿色发展的新路子。以上五大国家战略可以连接南北，承接东西，构建高质量发展的区域发展格局（图2-9）。四大区域板块分别为西部大开发、东北老工业基地振兴、中部地区崛起、东部地区优先发展（图2-10）。通过四大板块和五大战略新增长极的效应，将释放出更多的力量，促进国内大循环为主体、国内国际双循环相互促进的新发展格局的生成。

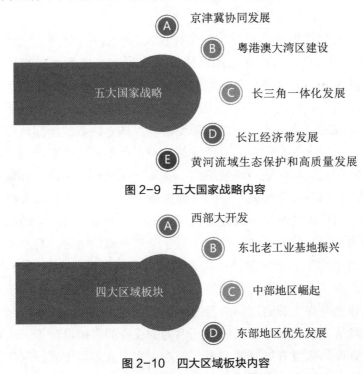

图2-9　五大国家战略内容

图2-10　四大区域板块内容

第三节　区域经济韧性与产业结构的关系

一、区域经济韧性对产业结构选择的影响

区域经济韧性的影响因素包括社会资本、产业结构、政策和制度环境、文化等，其中产业结构这一因素受到了学者的广泛关注。产业结构的多样性可以从各个方面影响区域经济韧性化，多样化避免了区域产业结构单一化，减轻了经济危机对区域经济的威胁，同时也有利于区域经济的恢复。多样性发展还能促进一些紧跟时代潮流的行业的崛起，这些行业顺应了经济发展的需要，在短时间内迅速成长，进一步影响了产业结构，起到了优化的作用，同时也促进了新兴行业的发展。有数据显示，产业的多样性在遭到产业冲击之后，能迅速恢复产业发展的活力，而一些相对集中的产业的经济韧性较差，在受到冲击时，恢复的能力较弱。

区域经济的韧性提倡产业结构的多样性发展，在多样性的产业结构中，行业与行业之间，产业与产业之间的协方差也影响着此区域抵御风险的能力，协方差其实并不需要利用实际数据来证明，它代表着一个区域经济系统面对经济冲击或者扰动的时候所呈现出的脆弱性、敏感性。区域经济抵抗冲击的能力与区域的经济发展能力之间需要协调发展。区域经济韧性使产业结构多样性与专业性之争有了变故。产业结构专业化的研究需要追溯其历史发展轨迹，不能刻意破坏区域经济发展的专业化产业结构，否则会导致产业结构多样性的同时却不符合相关产业的发展规律，其结局必然走向失败。

当经济受到冲击的时候，最先受到威胁的是一些竞争力较差的行业。当全世界范围内的原油价格上涨，给汽车行业带来危机的时候，日本汽车行业不仅没在危机中倒下，相反获得了高速增长。究其原因是在相同的条件下，区域的专业性越高，其整合资源的能力越强，就越能抵御相关的风险。一般来说，重工业企业在发展的过程中会追求规模化建设，因此在危机来临的时候，其抵御经济危机的韧性也会较差。因为所投资的基础设施等无法轻松转型。重工业企业如果没有雄厚的实力，很难在重工业发展中取得利润，也难以转型，所以企业拥有的资源越多，就越能提升企业的动态发展能力，重工

业需要走专业化道路，如果区域经济呈现集聚效应，会促使区域产业扩大规模，这样区域内的企业拥有了综合竞争力，能抵御各种各样的风险。

以往资源对企业的发展起着决定性的作用，随着时代的变化，资源不再居于垄断性地位，它成为一个企业拥有动态能力的次要影响因素，也昭示了任何企业不能再从资源优势上获得更多的资源优势。区域企业的经济韧性，可以依靠产业集群优势来增强竞争力，也会因为其他原因失去优势，一旦产业的韧性降低，就会出现行业萎缩，也会出现大量的失业人群，如果失业的人群大于其他行业需要的数量，出现供大于求的局势，势必会给经济带来冲击，也会造成区域性的人才流失，也不利于外部投资的引进，这一连串的后果将导致区域内陷入长时间的萧条局面，因此，需要在专业化的基础上引导企业获得更多的动态方面的能力，帮助区域增强经济韧性，发展产业结构无关多样性，增强稳定性。

二、多样化的产业结构有助于提高城市经济的韧性

当面临外部冲击时，城市间的经济韧性表现出较大的差异性，拥有多样化产业结构的大城市表现出更强的韧性，产业结构越多样化的城市，越能迅速地进行产业结构调整，从而获得更坚实的经济韧性。由此可见，初期的产业结构是经济体抵御外部冲击的基础，但之后基于多样化产业集聚的结构调整和转型升级则是经济韧性持续的来源。

目前，中国经济处于由高速增长向高质量发展转型的关键时期。经济韧性的增强不仅可以应对外部环境变化带来的挑战，改变传统粗放的发展模式，还能够提供较大的空间实现整体经济的转型升级。在新时代以稳中求进为目标导向的调控思路中，中国城市的发展应走出传统比较有优势的思维模式，因地制宜推进产业水平化分工，实现产业内和产品内分工的深化，在产业专业化和多样化之间寻找平衡点。

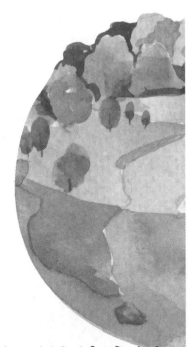

第三章　创新与区域可持续发展

第一节 科技创新引领区域发展

一、关于区域发展的宏观认识

要正确认识我国未来经济的走向，需要从以下几个方面切入：

其一，我国从改革开放之后，经济增速是全球经济增长速度最快的国家，2020年，我国的GDP首次超过了100万亿元，呈现出良好的发展势头，中国必将在世界上掌握更多的话语权，中国的经济将向着高质量发展的方向迈进，这是一个不可逆转的趋势。

其二，交通的发展，特别是高速铁路、高速公路的发展加强了区域之间的联系，将城市与农村经济相关联，促进了区域经济的发展，部分城市连绵带将迎来黄金发展时期，逐渐走向崛起。城市连绵带的形成与发展，将影响我国区域的产业调整，将重构区域经济。

其三，目前国际大环境下，我国仍然面临着巨大的威胁，周边的国际环境较为复杂，常常出现领土问题、恐怖主义、宗教问题等，这些也在一定程度上影响着区域经济的发展。

从以上的经济发展现状出发，战略性区域成为目前我国在战略上发展的重点。战略需要从国家层面切入，从国家的整体规划、现实政治格局、未来的增长动力出发来定义区域战略。战略是我国经济发展的长远性目标，对整个经济的发展起着直接或间接的影响。改革开放以来，我国的科技也取得了较大的成就，科技资源转化为生产力的成果非常可观。但区域范围的科技转化仍然需要加强，区域的科技资源、科研实力、科技观念及科研的硬件设施还处在一个不高的水平，未来需要不断加强，用科技力量来推动区域的全面发展。

围绕着西部大开发、东北老工业基地振兴、中部地区崛起、东部地区优先发展等，国家先后出台了一系列的关于区域发展的法律法规及指导意见，其中科技资源的充分利用被反复提及，依靠科技创新发展区域经济，促进区域的战略性创新应该优先考虑以下两点：

首先，要想优化国际的区域科技资源，需要以发展战略性区域为前提，要制定科技规划、科研计划，与区域发展的战略相结合，确定科技发展的方向，加强相关的科研工作，推进国家战略性区域的经济增长与产业转型、升级。

其次，选择对经济有重大影响的创新区域进行支持，促进产业结构的合理布局，促进区域的产业发展与国家战略层面的新兴产业产生关联。将高新技术产业基地作为发展的着力点，促进区域经济的发展，尤其要加强区域技术创新及创新的转化能力。

二、促进科技创新的法律基础

为了促进科技创新，我国早在1993年第八届全国人民代表大会常务委员会第二次会议上通过了《中华人民共和国科学技术进步法》（以下简称《科技进步法》）。《科技进步法》已由中华人民共和国第十届全国人民代表大会常务委员会第三十一次会议于2007年12月29日修订通过，自2008年7月1日起施行。其作为促进科技创新的法律基础，在企业创新、科技资源整合等方面作了修订。

其一，关于建设创新型国家。修改后的《科技进步法》强调国家坚持科学发展观，实施科教兴国战略，实行自主创新、重点跨越、支撑发展、引领未来的科学技术工作指导方针，构建国家创新体系，建设创新型国家。

其二，关于鼓励创新。科技创新从来不是一蹴而就的，而是经过多次失败之后才得来的，为了鼓励科技创新，鼓励科研人员探索研究，挑战高风险的项目，国家应该为科研人员提供良好的学术氛围，对由于客观原因导致的科技创新项目的失败给予理解。因此，法律应从保护、规范两个方面鼓励科技人员创新，既要激发科技人员的创新热情，也对科技人员自身行为加以约束，为科技创新提供良好的制度环境。修订后的《科技进步法》第五十五条、第五十六条、第五十七条、第七十条，内容如表3-1所示。

表3-1　修订后的《科技进步法》对科技创新的保护及规范举例

序号	条目	内容
1	第五十五条	科学技术人员应当弘扬科学精神，遵守学术规范，恪守职业道德，诚实守信；不得在科学技术活动中弄虚作假，不得参加、支持迷信活动

序号	条目	内容
2	第五十六条	国家鼓励科学技术人员自由探索、勇于承担风险。原始记录能够证明承担探索性强、风险高的科学技术研究开发项目的科学技术人员已经履行了勤勉尽责义务仍不能完成该项目的，给予宽容
3	第五十七条	利用财政性资金设立的科学技术基金项目、科学技术计划项目的管理机构，应当为参与项目的科学技术人员建立学术诚信档案，作为对科学技术人员聘任专业技术职务或者职称、审批科学技术人员申请科学技术研究开发项目等的依据
4	第七十条	违反本法规定，抄袭、剽窃他人科学技术成果，或者在科学技术活动中弄虚作假的，由科学技术人员所在单位或者单位主管机关责令改正，对直接负责的主管人员和其他直接责任人员依法给予处分；获得用于科学技术进步的财政性资金或者有违法所得的，由有关主管部门追回财政性资金和违法所得；情节严重的，由所在单位或者单位主管机关向社会公布其违法行为，禁止其在一定期限内申请国家科学技术基金项目和国家科学技术计划项目

其三，确定技术创新的主体是企业。要促进科技的进步，需要不断提高企业的创新能力。确定企业在技术创新中的主体地位。修订后的《科技进步法》规定国家建立以企业为主体，以市场为导向，企业同科学技术研究开发机构、高等学校相结合的技术创新体系，引导和扶持企业技术创新活动，发挥企业在技术创新中的主体作用。企业的主体地位还表现在鼓励企业牵头带动科技的研发与创新，鼓励企业增加科研、技术上的各项投入，鼓励企业开发创新课题，开展自主创新活动。国家制定产业政策、财政政策、能源政策、环境保护政策等鼓励、引导企业运用科技发展新产品、新技术、新工艺，不断更新技术，促进企业设备的更新，提高生产效率。

运用财政政策向企业技术创新倾斜。修订之后的《科技进步法》规定国家设立科技型中小企业创新基金，资助中小企业开展技术创新。修订之后的《科技进步法》还规定国家在必要时可以设立其他基金，资助科学技术进步活动。鼓励企业与企业间展开公平竞争，鼓励企业实施国家科技计划项目。国家在组织重大科研项目的时候，需要企业牵头，产学研结合共同推进项目的实施，促进重大科研项目的成功实施及项目成果的转化。

关于企业科技创新的融资。修订后的《科技进步法》规定国家利用财政性资金设立基金，为企业自主创新与成果产业化贷款提供贴息、担保。政策性金融机构应当在其业务范围内对国家鼓励的企业自主创新项目给予重点支持。

其四，促进科技创新的共享制度的建立。目前，在社会各个领域中的技术虽有所创新与突破，但各个领域的创新处在一个相互孤立的状态，创新成果没有很好地衔接以实现共享。所以，通过法律手段来推进科学技术资源的共享，提高科技资源的转化成果共享水平。修订后的《科技进步法》有多处涉及科技创新共享，例如四十六条、六十四条、六十五条、六十八条，详细内容如表3-2所示。

表3-2　修订后的《科技进步法》中涉及科技创新共享的法律内容

序号	条目	内容
1	第四十六条	利用财政性资金设立的科学技术研究开发机构，应当建立有利于科学技术资源共享的机制，促进科学技术资源的有效利用
2	第六十四条	国家根据科学技术进步的需要，按照统筹规划、突出共享、优化配置、综合集成、政府主导、多方共建的原则，制定购置大型科学仪器、设备的规划，并开展对以财政性资金为主购置的大型科学仪器、设备的联合评议工作
3	第六十五条	国务院科学技术行政部门应当会同国务院有关主管部门，建立科学技术研究基地、科学仪器设备和科学技术文献、科学技术数据、科学技术自然资源、科学技术普及资源等科学技术资源的信息系统，及时向社会公布科学技术资源的分布、使用情况
4	第六十八条	违反本法规定，利用财政性资金和国有资本购置大型科学仪器、设备后，不履行大型科学仪器、设备等科学技术资源共享使用义务的，由有关主管部门责令改正，对直接负责的主管人员和其他直接责任人员依法给予处分

其五，支持农业科技基础研究。修订后的《科技进步法》增加了国家鼓励、支持农业科技基础的研究，表3-3为修订后的《科技进步法》中涉及农业科技基础研究的内容，加入了农业创新投入等新内容。

表3-3　修订后的《科技进步法》中涉及农业科技基础研究的内容

序号	条目	内容
1	第二十三条	国家鼓励和支持农业科学技术的基础研究和应用研究，传播和普及农业科学技术知识，加快农业科学技术成果转化和产业化，促进农业科学技术进步 县级以上人民政府应当采取措施，支持公益性农业科学技术研究开发机构和农业技术推广机构进行农业新品种、新技术的研究开发和应用 地方各级人民政府应当鼓励和引导农村群众性科学技术组织为种植业、林业、畜牧业、渔业等的发展提供科学技术服务，对农民进行科学技术培训
2	第六十条	财政性科学技术资金应当主要用于下列事项的投入： （一）科学技术基础条件与设施建设； （二）基础研究； （三）对经济建设和社会发展具有战略性、基础性、前瞻性作用的前沿技术研究、社会公益性技术研究和重大共性关键技术研究； （四）重大共性关键技术应用和高新技术产业化示范； （五）农业新品种、新技术的研究开发和农业科学技术成果的应用、推广； （六）科学技术普及。 对利用财政性资金设立的科学技术研究开发机构，国家在经费、实验手段等方面给予支持

三、科技创新驱动区域的高质量发展

面对日趋激烈的科技竞争和不断出现的创新趋势，区域发展坚持科技创新引领。科技创新全链条中，基础研究是源头和基石。新发展理念与新发展格局之下，科技创新将在引领区域高质量发展过程中发挥更强的支撑和引领作用，只有持之以恒加强基础研究，才能打好科技创新攻坚战，提高创新质量。

（一）科学技术在经济发展中的作用

"科技是第一生产力"，这句话形象地说明了科学技术对生产的重要作用，合理应用科学技术可以有效提升生产效率。那么，科学技术对经济发展具有什么样的作用呢？主要体现在以下方面。

（1）通过大数据技术的转化促进经济发展。各行各业发展到一定阶段容易形成"孤岛效应"，即各行各业中存在壁垒，不能实现资源共享，这限制了企业的进一步发展。而大数据技术很好地解决了这一问题，利用大数据技术可以搜集各领域、各环节的信息，并实现高校、研究机构、企业等不同群体的资源共享，为企业的发展提供了极大便利，有助于企业作出科学合理的决策。可以说，大数据技术在各个领域的应用，使得各行各业焕发出新的活力，促进了企业经济的发展。

（2）通过科学技术推动智能化进程，从而促进经济发展。制造业在我国的产业结构中占有重要的地位，同时制造业是我国立国的根本、强国的基础，是社会主义现代化的重要组成部分。制造业要想在未来有所发展，并表现出明显竞争力，需要向智能化方向发展，并通过智能化在未来竞争中占据一定优势。众所周知，智能化的发展需要依靠科学技术的发展来支持，如果缺乏科学技术的支持，实现智能化最终只能是镜花水月，空中楼阁。因此，要想使得我国的制造业朝着智能化、科技化、网络化的方向发展，就必须利用科学技术。

（3）通过科技创新成果成功转化，从而促进经济发展。科学技术是真正促进经济发展的内在动力，通过科学技术不仅可以提高行业生产效率，还可以通过科技创新成果转化实现经济的稳步增长。例如，某个企业可以利用科技创新的成果作为产品进行发展，并带动上下游企业的发展，即企业如果拥有核心技术、具有集成创新能力等优势，则可以推动整个产业链的发展，促进经济发展。

总之，科学技术是经济发展的内在动力，可以有效促进经济发展，因此，在区域经济发展时，需要重视科学技术的作用，通过合理应用科学技术实现区域经济协调可持续发展。

（二）科技创新驱动区域发展的措施

全面加强基础和应用研究。基础研究是创新的源头活水，我们要加大投入，鼓励长期坚持和大胆探索，为建设科技强国夯实基础。多主体、多渠道提升基础研究和应用研究经费占研发经费的比重，强化源头创新和原始创新，保障科技创新源头供给与储备。以体系化创新能力建设为核心，面向世界科技前沿、面向经济主战场、面向国家重大需求，加快各领域科技创新，抢占全球科技竞争先机。

打好关键核心技术攻坚战。充分发挥我国社会主义制度能够集中力量办大事的显著优势，建设跨学科、大协作、开放共享的重大科技基础设施和协同创新平台，强化国家科技力量，优化科研机构规划布局，保障多主体协作、多学科融合、多技术路线并行，突破一批前沿引领技术、现代工程技术、颠覆性技术。发挥企业在技术创新中的主体作用，使企业成为创新要素集成、科技成果转化的生力军，打造科技、教育、产业、金融紧密融合的创新体系，保障关键核心技术源头供给，支撑引领新业态和新模式，催生新发展动能。

打好产业链现代化攻坚战。以企业为主体，以夯实产业基础和保障战略产业自主可控安全高效为目标，以综合性国家科学中心、国家自主创新示范区、高新区等各类区域创新高地为依托，支持大中小企业和各类主体融通创新。坚持应用牵引、问题导向，从行业、区域、安全等需求角度，优化产业技术研究院、工程实验室和新型创新平台布局，保障产业共性技术供给，提升产业链现代化水平。依托我国超大规模市场和完备产业体系，创造有利于新技术快速大规模应用和更新的独特优势，加速科技成果向现实生产力转化。

完善科技创新体制机制。坚持"有利于提高资源配置效率、有利于提高发展质量和效益、有利于调动各方面积极性"的改革标准，将科技创新治理体系融入国家治理体系和供给侧结构性改革中，深化全面创新改革试验，协同推进科技与经济、教育、人才、社会保障等体制机制改革，把解决结构性矛盾、政策性问题统一起来，使各项改革朝着推动形成新发展格局聚焦发力。完善激发科技创新动力、活力和人才积极性的激励机制和约束机制，大力培养和引进国际一流人才和科研团队，加大科研单位改革力度，最大限度调动科研人员的积极性，提高科技创新产出效率。

第二节　知识产权保护与创新发展

近年来，随着创新驱动发展战略和知识产权强国战略的深入实施，我国知识产权保护事业取得了长足发展。创新是引领发展的第一动力，保护知识产权就是保护创新。习近平指出，知识产权保护工作关系国家治理体系和治理能力现代化，关系高质量发展，关系人民生活幸福，关系国家对外开放大局，关系国家安全。全面建设社会主义现代化国家，必须从国家战略高度和进入新发展阶段要求出发，全面加强知识产权保护工作，促进建设现代化经济体系，激发全社会创新活力，推动构建新发展格局。

自改革开放以来，我国建立起知识产权保护制度，先后颁布了《中华人民共和国商标法》《中华人民共和国专利法》《中华人民共和国著作权法》。

一、商标保护制度

商标保护的意义在于使商标注册人及商标使用人的商标使用权依法受到保护，避免他人使用与之相类似的商标，并依法追究侵犯他人注册商标专用权的违法分子相关责任，引导消费者通过商标对商品进行区分，最大限度地维护消费者、企业的合法权益，可以采取以下措施（图3-1）。

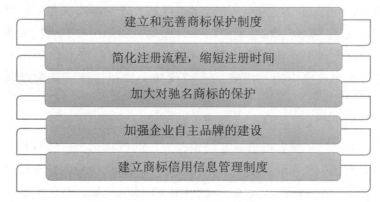

图 3-1　保护商标的措施

（一）建立和完善商标保护制度

《国家知识产权战略纲要》所确立的战略目标的实现需要具有国际化视野，即需要参照发达国家的商标保护政策，梳理商标注册的整个流程，涉及商标的注册申请、审查、核准、续展、转让、使用、保护等环节，不断完善商标保护制度，吸收国外建立商标保护制度的先进经验，自主创新管理机制和运行机制，支持区域企业实施商标战略，并以品牌建设为核心，提高区域商标的核心竞争力，促进商标成为区域的一个名片，增加区域的影响力与知名度，促进区域的可持续发展。

另外，区域内的商标注册要充分利用现代信息化技术，要加大对商标的所有权、商标作用的宣传，提高企业的商标保护意识，通过培养商标设计、维护、保护方面的专业人才，构建区域商标保护体系。

（二）简化注册流程，缩短注册时间

完善商标保护制度，需要不断简化商标注册流程，不断缩短审查的周期，在保证注册的质量的同时，促进商标工作的迅速开展。目前，我国持续推进商标注册便利化的改革，2020年我国商标注册平均审查周期已缩短至4个月零10天，目前这个时间不断缩短。

（三）加大对驰名商标的保护

中国驰名商标指在中国为相关公众广泛知晓并享有较高声誉的商标。国家知识产权局为了进一步加大对驰名商标的保护，将开展大量工作加大对驰名商标的保护力度，具体包括以下几方面。

1.完善立法

（1）修改《中华人民共和国商标法》，增加规制恶意注册的内容，不断加大对侵犯商标专用权的惩罚力度。

（2）修改相关行政法规及部门规章，将驰名商标纳入全国名称规范管理系统中加以管理，加大对驰名商标的保护。

2.加强执法

（1）努力实现商标案申请注册全流程的保护。依法驳回恶意商标申请，加大恶意注册打击力度；细化异议审查标准，精准高效打击恶意抢注行为；评审环节严保护，全程严厉打击恶意注册行为。

（2）持续加大执法力度。首先，市场监管总局不断加大知识产权执法力度。其次，市场监管总局不断加强查处商标违法案件中驰名商标认定工作。

3.全面普法

将进一步开展驰名商标保护相关的宣传工作，通过各类新闻媒体、政府网站开展宣传工作。

今后，国家的相关部门应继续加强对驰名品牌的保护，除了继续加强惩治商标侵权的行为，还要不断加强监管，建立驰名商标保护的监管机制，不断加强驰名商标的驰名度打造，对破坏驰名商标的行为给予严惩，通过在源头上遏制知名商标的侵权行为，确保驰名商标在社会主义市场经济下继续壮大发展。

（四）加强企业自主品牌的建设

当今时代，衡量企业的持续竞争力的核心就是品牌的竞争力，自主品牌是无形的资产，但品牌效应带来的企业的形象的提升及经济效益的提高是客观的，目前我国的企业正在朝着建设自主品牌的方向努力，特别是具有世界品牌效应的驰名品牌。要鼓励企业的自主品牌走出国门，依靠科技的力量不断地优化资源，促进资源的合理利用，为自主品牌注入更多的活力与生机。

（五）建立商标信用信息管理制度

要建立商标信用信息管理制度，需要建立一个现代化的商标信用管理数据库，数据库中包含所有的信用信息，这些信息涵盖了商标使用人的信息、商标使用人的行为记录，包括良好行为记录与不良行为记录。商标使用人的信息涉及使用人的基本素质、管理能力、财富值等方面的综合信息。良好的行为记录指的是商标的使用人按时纳税，商标注册、使用等环节符合法律的规定，在创建驰名商标的时候能坚守承诺、履行约定，有着良好的业绩和较好的诚信记录等；不良记录指的是商标使用人在经营过程中出现过不良行为，如侵权、惩罚等的记录。建立起来的数据库包含着商标的信用资料，并且每个商标都有一个特定的信用号码，通过信用号码可以查询到商标信用的所有信息，以便快速地了解商标的信用程度。

二、专利保护制度

1980 年，中国成立了专利局；1984 年颁布了《中华人民共和国专利法》；1985 年成为《保护工业产权巴黎公约》成员国，同年颁布了《中华人民共和国专利法实施细则》。我国对《中华人民共和国专利法》进行了四次修正，在第四次修正中，涉及专利法实质性修改的条文共 23 条，另有适应性文字修改或调整的条文共 6 条，主要涉及三个方面的内容，如表 3-4 所示。

表3-4　第四次《中华人民共和国专利法实施细则》修改内容

序号	内容	分内容
1	加大专利保护力度，维护权利人合法权益	增加专利侵权惩罚性赔偿，提高法定赔偿上限
		完善专利侵权赔偿数额证据规则
		完善专利行政保护制度

续　表

序号	内容	分内容
2	完善专利审查制度，提升专利质量	增加诚实信用原则和禁止权利滥用原则
		完善外观设计专利保护
		增加专利权期限补偿制度
3	促进专利的实施和运用，实现专利价值	增加职务发明创造相关权利处置制度
		增加专利开放许可制度

《专利行政执法办法》自 2011 年施行，2015 年国家知识产权局对其进行了修改，如表 3-5 所示。

表3-5　2015年《专利行政执法办法》修改内容

序号	条目	涉及内容
1	第一条（修改）	为深入推进依法行政，规范专利行政执法行为，保护专利权人和社会公众的合法权益，维护社会主义市场经济秩序，根据《中华人民共和国专利法》《中华人民共和国专利法实施细则》以及其他有关法律法规，制定本办法
2	第八条（新增）	管理专利工作的部门应当加强展会和电子商务领域的行政执法，快速调解、处理展会期间和电子商务平台上的专利侵权纠纷，及时查处假冒专利行为
3	第四十三条（原第四十一条）	增加第六项：责令侵权的参展方采取从展会上撤出侵权展品、销毁或者封存相应的宣传材料、更换或者遮盖相应的展板等撤展措施；增加一款作为第二款，规定：管理专利工作的部门认定电子商务平台上的专利侵权行为成立，作出处理决定的，应当通知电子商务平台提供者及时对专利侵权产品或者依照专利方法直接获得的侵权产品相关网页采取删除、屏蔽或者断开链接等措施
4	第四十六条（原第四十四条）	改为：管理专利工作的部门作出认定专利侵权行为成立并责令侵权人立即停止侵权行为的决定，或者认定假冒专利行为成立并作出处罚决定的，应当自作出决定之日起 20 个工作日内予以公开，通过政府网站等途径及时发布执法信息

管理专利的相关部门可以依法按照专利当事人请求来处理各种各样的专利侵权纠纷，维护专利权人的正当权利。我国在 2009 年发布了《关于当前经济形势下知识产权审判服务大局若干问题的意见》（以下简称《意见》），提出了"保增长、保民生、保稳定"。《意见》立足于当时的社会发展现状，针对专利的发展要求突出了重点，在把握国际、国内经济严峻形势的情况

下，对知识产权的审判提出了新的要求，同时指出了知识产权的保护对经济的增长及朝着良好方向发展的重要性。《意见》进一步明确了新形势下的知识产权的政策导向，完善了我国的专利侵权的判定规则。

现代专利管理工作的开展离不开信息化建设，信息化已经是全社会范围内的工作开展的客观需求，只有实现了信息化，才能依据信息技术开展专利管理工作。通过建设国家专利数据中心、区域专利信息服务中心、地方专利信息服务网点等实现专利信息的全覆盖。当前的专利管理信息化已经初有成就，需要完成专利电子审批系统的上限运行，实现新系统与旧系统之间的安全、有序切换，不断加强电子审批系统的配套项目的构建，保证系统对业务的信息化支持。

三、著作权保护制度

（一）修改完善著作权法律法规

继续开展修订《中华人民共和国著作权法》的调研准备工作，尽快充实有关条款，如赋予录音录像制作者广播权和表演权等。抓紧修改《音像制品管理条例》《复制管理办法》《出版管理条例》《出版物市场管理规定》《内部资料性出版物管理办法》《作品自愿登记试行办法》等法规。在前期调研准备的基础上，加快起草制定《民间文学艺术著作权保护条例》《手机媒体管理办法》《互联网出版服务管理办法》《教科书法定许可付酬办法》《数字印刷管理办法》《中国标准书号使用管理办法》等。

（二）着力提高著作权司法、执法水平

加大对著作权的保护力度，需要在司法与执法上下功夫，如果有法不依，执法不严，违法不究，那么保护著作权的法律就只是一纸空文，也毫无意义可言。为此，应着重做好以下几点：

（1）严厉制裁盗版、抄袭等侵犯著作权行为，加大侵权赔偿力度。

（2）加强对文学艺术、文化娱乐、新闻出版、广播影视、计算机软件、信息网络、广告设计、工艺美术等领域的著作权案件审判工作。

（3）有效应对互联网等新技术发展对著作权保护的挑战，准确把握网络环境下著作权司法保护的尺度，妥善处理保护著作权与保障信息传播的关系。

（4）强化行政执法保护与司法保护相协调和衔接的运作机制，集中力量查处情节严重、影响恶劣的侵权案件，坚决查缴各类侵权盗版出版物，开展保护著作权专项行动。加强对重点行业、领域和地区的著作权保护。

（5）加强保护著作权的日常执法工作，主要是进一步健全著作权行政执法过程的举报、协查、监督、通报、统计和备案等制度，认真执行《举报、查处侵权盗版行为奖励暂行办法》，激励举报和查办侵权盗版案件有功人员。

（6）发挥司法保护著作权的主导作用，优化审判资源配置，提高审判和执行能力。研究探索设置集中受理著作权民事、行政和刑事案件的专门知识产权法庭。

（7）进一步加大海关执法力度，加强著作权边境保护，维护良好的进出口秩序，打击跨境著作权违法犯罪行为。还要加强与国外执法机构及国际刑警等国际组织的沟通协作，开展保护著作权的联合执法行动。

四、上海全力打造国际知识产权保护高地

上海市于 2020 年召开了知识产权保护大会，聚焦国际知识产权保护高地建设的目标，通过不断改革，强化制度供给，推动上海知识产权综合实力稳步提升。上海的知识产权建设也取得了相当的成就，在 2020 年国家首次知识产权保护工作检查考核中，上海获评优秀等级，且上海在世界知识产权组织发布的《全球创新指数报告》中关于科学技术集群中排名第九位。上海在全力打造国际知识产权保护高地的过程中做出了以下四个方面的努力：

（一）不断健全知识产权制度，完善知识产权机制，提高知识产权的保护水平

（1）将知识产权的保护工作纳入了法制化体系当中。上海出台了《关于强化知识产权保护的实施方案》，其目标是打造国际知识产权保护高地，围绕这一目标设计了一系列的制度及务实举措。2021 年 3 月又颁布了《上海市知识产权保护条例》，进一步完善了上海知识产权保护工作的法规体系。

（2）不断加大知识产权保护的力度。2020 年，上海市各部门分别开展了执法专项行动，其目的是打击破坏知识产权的行为。2020 年，全市法院受理关于知识产权案件同比大幅度增长，严厉打击知识产权侵权违法行为。

（3）强化知识产权保护机制。知识产权的保护需要在全市范围内展开，因此要不断地加强部门与部门之间、区域与区域之间的知识产权的保护协作，建立知识产权行政调解司法确认机制。目前，上海市新建了知识产权纠纷调解工作室以及专利纠纷委托调解试点，进一步完善了知识产权保护的机制。

（4）不断增强知识产权保护的能力。目前，中国上海知识产权保护中心正在紧锣密鼓地筹建中，完善国有企业知识产权管理工作指引、知识产权边境保护等制度，进一步加强知识产权的保护能力。上海还在市内建立了11个重点园区，建立知识产权维权援助工作站，形成三级保护网络。

（二）坚持质量和需求导向，不断提升知识产权发展质效

所谓质效，指的是质量与效率的兼顾，是知识产权朝着优化方向发展的重要衡量指标。

（1）知识产权的创造质量进一步提升。2020年，上海发明专利申请量及授权量都有了较快的增长。上海市每万人口发明专利拥有量是60.21件，在全国各省市中位列第二。另外，上海的商标申请量、新增商标注册量、有效商标注册量、作品版权登记数等有了较大的增速。

（2）知识产权综合运用的规模进一步扩大。知识产权质押融资模式已经入选国务院深化服务贸易创新发展试点最佳实践案例。上海将不断地加大知识产权金融创新力度，不断地完善知识产权转化，将高新技术、航天、农业等领域科技成果进行转化。

（3）上海市在助力企业创新方面取得了较好的成果。上海市出台了集成电路布图设计扶贫政策帮助中小企业知识产权经营平台的搭建，进一步优化中小企业知识产权服务。上海市还认定了一批市级专利、版权等知识产权试点示范单位及园区建立国家知识产权试点、示范高校，提高上海市的知识产权转化能力。

（三）坚持深化改革、集聚资源

发展知识产权服务供给表现在：

（1）上海市主动服务国家和本市的重大战略任务。上海市在优化知识产权服务供给的过程中，围绕国家项目展开的主要有完善科创板及上市企业专利优先审查推荐服务机制，自贸区、临港新片区、虹桥国际开放枢纽建设，促进知识产权转化，推动设立知识产权综合服务窗口维权援助分中心、新片区全球跨境技术贸易中心等。在区域发展的过程中，上海市与苏州、浙江、安徽构建知识产权信用体系，推动了长三角地区区域内的知识产权协同发展。

（2）强调放管服改革。在提升产权行政服务效能方面，上海市实行了一网统办、一窗统办的服务机制，不断加强知识产权信息公共服务，聚焦战略性新兴产业，实施一批专利导航、知识产权评议、风险预警等项目。

（3）在知识产权服务上，不断拓展其内涵，主要表现在处理专利商标违法举报等事件的过程中，不断完善处理机制，通过开展专项整治行动来深化开展知识产权的保护工作，通过建立国家知识产权服务业集群发展示范区来不断拓展知识产权服务的内涵。

（4）不断延伸知识产权服务链条。上海市深入推进崇明大米、奉贤黄桃、亭林雪瓜等地理标志运用工作，还建立了上海市商标品牌创新创业基地，不断孵化自主品牌，促进驰名品牌的形成。知识产权服务链条的延伸还表现在一站式的综合服务平台的构建，构建平台的过程中以确权、用权、维权一站式的服务为重点，加快知识产权服务的质量与效率，进一步深化知识产权改革。

（四）不断深化改革，凝心聚力，完善知识产权发展的外部环境

其外部环境主要包括知识产权的国际合作、知识产权的文化建设以及知识产权的人才培养体系。改革需要不断与国际接轨，上海市举办了第十七届上海知识产权国际论坛，加强涉外知识产权纠纷解决的能力，启用了WIPO（世界知识产权组织）仲裁与调解上海中心听证设施。为了使知识产权发展国际化，上海市有序推进了WIPO全球服务体系，有效运用培训班知识产权、暑期学校远程教育等项目来促进知识产权的国际合作，促进知识产权的国际化进程。要完善知识产权的发展环境，需要构建知识产权的文化体系，上海市开展了以知识产权与健康中国为中心的知识产权宣传周活动，还发布了年度知识产权白皮书及经典知识产权发展案例，文化建设的最直接有效的途径是促进大学生的知识产权意识的形成，大学生是未来社会的接班人，是建设社会主义社会的主要力量，通过开展多种形式的知识产权进校园活动来强化学生的知识产权保护意识。另外，通过开展进社区进企业的活动来提高全社会的知识产权保护意识，上海市知识产权人才培养体系主要包括构建上海国际知识产权学院，目前首批国际硕士项目学员已经顺利毕业，而上海也将知识产权服务业纳入本市人才引进落户政策重点支持行业范围。

2021 年 4 月，上海市知识产权联席会议暨市知识产权保护工作会议召开，会议集中部署了上海市知识产权工作，上海市知识产权的工作在下一个阶段主要任务是将高标准落实《上海市知识产权保护条例》，高水平地推进《关于强化知识产权保护的实施方案》，启动新一轮的知识产权强市建设，加快上海市的国际知识产权保护高地目标的实现，在会上提出重点抓好四个方面的工作。其一，做好战略布局，聚集支撑创新驱动的发展。其二，健全知识产权保护体系，塑造一流的营商环境。其三，全面提升转化效益，促进服务经济高质量发展。其四，不断深化国际合作，实施高水平对外开放。

第三节　数字化战略

一、数字经济

所谓数字经济，指的是人类社会运用大数据的相关技术，通过识别、选择、过滤、存储、使用，引导资源之间的优化配置，实现经济的高质量发展的经济形态。数字经济的相关技术涵盖大数据、云计算、物联网、区块链、5G 技术、人工智能等，数字经济与数字化、智能化、网络化等是不可割裂的，是与传统的经济发展模式截然不同的经济发展模式，具有现代性、高科技性、智能性的特点。

（一）数字经济概念的产生

著名商业战略大师唐·泰普斯科特（Don Tapscott）在 1995 年出版了《数据时代的经济学：对网络智能时代机遇和风险的再思考》，正式提出了"数字经济"的概念，并由此广泛传播。我国提出发展"数字经济"是在 2016 年的 G20 杭州峰会上，会上通过了《G20 数字经济发展与合作倡议》（以下简称《倡议》），这是全球首个由多国领导人共同签署的数字经济政策文件。《倡议》既是基于发展实践和理念提升的各方共识，也是顺应历史发展潮流的方向指引，更是帮助世界经济走出困境，实现创新、强劲、活力、持续、平衡和包容式增长的国际智慧。推动数字经济创新与合作，将为各国经济增长注入新动力，使世界经济焕发新活力，让数字经济的发展成果惠及世界各国人民。

（二）数字经济成为未来经济发展的新模式

数字经济成为全球投资增长的主要动力，促进了全球经济的发展，在联合国贸易和发展会议上发布了《2017年世界投资报告——投资和数字经济》，指出数字经济的市场发展前景广阔，数字经济模式的运用为企业进入海外市场提供了机会，使其加入全球价值链中，为区域的可持续发展奠定了基础。中国的数字经济依靠大数据的支持，将实现飞速发展。

（三）发展数字经济的意义

国际金融危机之后，全球经济进入了深度调整创新阶段，传统经济持续低迷，发展动力不足，而以互联网为基础的数字经济有了较快的发展，呈现出强大的生命力。我国在全球危机的背景下，也借助互联网的优势，大力发展数字经济，其意义和重要性体现在以下几点（图3-2）。

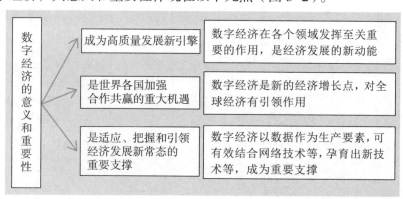

图3-2　数字经济的意义和重要性

1.数字经济成为高质量发展新引擎

我国经过改革开放40多年的高速发展，经济逐渐由高速发展转为高质量发展，如今整个的经济发展背景发生了变化，未来世界经济的发展一定是由高技术引领之下的经济发展，数字经济深刻融入国民经济各领域，为我国经济发展提供了新动能。

2. 数字经济是世界各国加强合作共赢的重大机遇

随着世界经济结构经历深刻调整，许多国家都在寻找新的经济增长点，以期在未来发展中继续保持竞争优势，更有效地提高资源利用效率和劳动生产率。在全球范围内，跨越发展新路径正逐步形成，新的产业和经济格局正在孕育，数字经济对全球经济增长的引领带动作用不断显现。发展数字经济已在国际社会凝聚了广泛共识，为促进各国务实合作，构建以合作共赢为核心的新型国际关系提供了重大机遇。

3. 数字经济是适应、把握和引领经济发展新常态的重要支撑

数字经济的发展以数据作为关键生产要素，将有效驱动劳动力、资本、土地、技术、管理等要素网络化共享、集约化整合、协作化开发和高效化利用。同时，促进新一代信息技术加速与经济社会各领域深度融合，孕育了新技术、新产业、新业态、新模式，成为驱动生产方式变革的新动力。发展数字经济将进一步减少信息流动障碍，提升经济运行效率和全要素生产率，提高供需匹配效率，有效助推供给侧结构性改革。

（四）发展数字经济的措施

数字经济对我国经济发展具有十分积极的影响，是经济高质量发展的引擎，可以采取以下措施加强数字经济发展（图 3-3）。

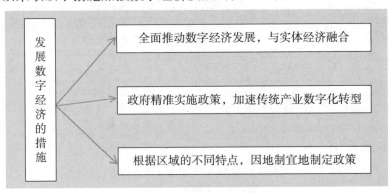

图 3-3　发展数字经济措施

1. 全面推动数字经济发展，与实体经济融合

首先，需要加大对基于互联网创新的扶持力度。数字经济离不开网络和数字化技术，要想更好地发展数字经济，就需要做好基础保障工作，包括

构建数字经济需要的基础设置,如移动通信网络、软件产业等信息化基础设施。同时,需要对互联网技术的创新加以重视,不断开发研究或完善相关的科学技术。

其次,大力发展电子商务。随着时代的不断发展,电子商务逐渐成为企业进行商务往来的重要形式,其数字经济发展更是离不开电子商务。因此,需要培育数字经济需要的电子商务服务平台,保障网络安全、网络支付等的顺利进行,对电子商务的支撑体系进行构建和完善。

2. 政府精准实施政策,加速传统产业数字化转型

传统产业进行数字化转型,往往需要政府政策的支持和引导,这样可以加速传统产业数字化转型,并提升转型效率。因此,政府需要改变以往通过补贴或税收优惠的做法,这样虽然可以加速企业数字化转型,但也会造成企业不顾实际发展情况,盲目追求数字化转型,最后使得企业失去原有优势。政府应该意识到,数字化转型并非某个单一产业,而是涉及各行各业,需要精准扶持当地传统优势产业进行数字化转型,要实施精准的政策和制度,避免区域内产业结构的雷同,并增加对数字化转型企业的资金投入。

3. 根据区域的不同特点,因地制宜地制定政策

由于各类原因和因素,我国区域之间存在着发展水平的差异,其数字经济发展水平也无可避免地存在差异。

因此,在发展数字经济时,要根据区域的实际发展水平,因地制宜地制定和实施合理的数字经济发展战略。例如,对东部地区来说,其数字经济发展水平较高,虽然对区域创新能力的提升比较缓慢,但对发明专利的产出有十分明显的提升作用,因此东部地区不应该追求数字经济发展的快速提升,而是应该稳步前进,以实现各类创新类型的价值。又如,东北部地区的数字经济发展处于起步阶段,对区域创新增长显示出巨大推动作用,因此可以制定相关的机制和政策,引导和激励区域内数字经济的发展。

二、数字经济与区域发展的关系

数字经济可以促进区域的协调发展,从而优化区域内经济增长模式,其与区域发展的关系主要体现在以下几个方面。

第一,虽然我国经济呈现出高速增长的状况,但在我国经济发展方面,东部与西部之间的差距仍然较大,表现为东部较为先进,西部较为落后,因

此需要加大力度缩小中西部的差距，而数字经济则可以缩小这种差距，实现区域协调可持续发展。

第二，数字经济的发展以信息化技术为手段，可以突破地理位置的限制，使得全国各地都能享受数字经济带来的便捷，这正是数字经济得天独厚的优势。数字经济弱化了影响经济发展的因素（如地理位置、产业结构等），使得中部、西部地区获得了平等的发展机会，可以让中部、西部以公平的姿态参与到现代化的构建中。在数字经济发展时期，东部、中部、西部的发展所比拼的是信息技术的创新性运用，有效地促进了中部、东部、西部的生产要素之间的聚集与流动。

第三，数字经济的优势还在于可以转变地区的生产及消费模式，通过助力东部、中部、西部的发展，来实现全国范围内整个经济的有序发展，并且在数字化的影响下，其知识更新速度与东部几乎同步，不存在知识壁垒，大大提高了生产效率。除此之外，数字经济还促进了互联网电子商务、跨境电商平台、物流等产业或行业的进一步发展。

第四，在数字经济的影响下，消费者对美好事物的追求得到最大限度的实现，人们的生活水平有了显著提升。例如，在教育、医疗、卫生、社保等方面可以全面引入数字化，提高社会的公共服务水平。

综上所述，数字经济通过影响经济发展的方方面面来促进区域经济增长，在区域协调与可持续发展中起到十分关键的作用，可以连接东部、中部、西部地区的经济、文化、观念等，使其形成系统性的整体，并促进了东部、中部、西部经济的发展，缩小各区域的差异。

三、数字经济与区域创新的关系

数字经济是一种新的经济发展模式，对企业的影响主要体现在以下两个方面。

一方面，数字经济承担着桥梁的作用，即可以连接生产端和消费端，将消费者对产品的需求直接反馈给企业。在产品研发过程中，充分尊重消费者的意见和反馈，根据其需求进行开发设计，这样可以有效提升新产品的开发成功率。对企业而言，数字经济这种模式可以提升企业的创新能力，对消费者而言，可以直接参与产品的开发，提升自身的使用体验，实属一举两得。

另一方面，数字经济和传统制造业融合，可以有效降低企业的生产成本。这是因为数字经济具有智能化、高科技性的特点，对企业各类生产要素可以进行科学、合理地分配和利用，提升了企业的研发效率，有效推动企业创新。

数字经济不仅是一种新的经济发展模式，更是一种创新，对提升区域创新能力有巨大的推动作用，主要体现在以下方面（图 3-4）。

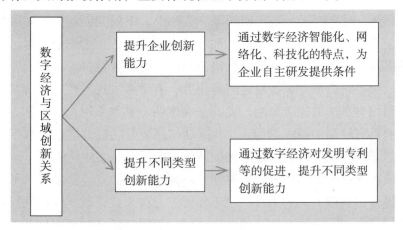

图 3-4　数字经济与区域创新关系

（一）数字经济提升区域中企业创新能力

随着数字经济的不断发展，通过对不同地区的数字经济的研究发现，数字经济可以提升地区的创新能力。有相关数据显示，如果某个城市数据经济的发展水平提高一倍，那么该城市的创新发展能力就可以提升 0.4% 左右，这充分说明数字经济对区域创新能力的积极作用。

数字经济时代，各个企业或产业的生产要素呈现数字化趋势，其要求重构各行各业的商业模式，并对创新资源进行优化整合。这些举措意味着企业的产品销售规模将会不断扩大，其产业链的空间距离会被缩短，企业会获得更多的经济效益，而经济效益的增加则会为企业自主研发、创新提供充足的资金支持，企业的创新之路将会走得更加顺畅。

同时，数字经济的发展可以有效降低企业搜寻信息的成本，利用数字经济网络化的特点，将产品需求信息及时传送到研发端，并通过协作平台等进行共同创新，使得企业创新更加贴合市场需求。

总之，数字经济的兴起可以打破信息壁垒，使得信息更加透明化，激励着企业从事创新方面的研究，而非模仿研究，实现真正的技术创新、产品创新、制度创新等，最终推动区域创新能力的提升。

（二）数字经济提升区域中不同类型创新能力

创新的类型有诸多种，如技术创新、产品创新（包括材料、颜色、外观等的创新）、制度创新、工艺创新等。实际上，不同的创新类型对区域创新能力的提升起到的效果是不同的。而在技术和工艺方面的创新，对区域创新能力的提升有较大帮助，更能反映出创新能力的含金量。

通过对不同类型专利授权量进行研究，有学者发现，数字经济对多种类型的专利均有正面的积极影响，尤其是在发明专利和实用新型专利方面（这两种专利具有较高的技术含量），其推动作用更是明显。这说明数字经济不同类型创新具有积极影响，对地区创新能力的提升是实质性的。

区域在发展数字经济时，需要注意不同区域的数字经济发展水平是不同的，其提升创新能力的效果自然也不相同。总体来说，数字经济发展对创新能力的推动作用是非线性的。因此，区域发展数字经济时要循序渐进，不能急于求成。

四、区域数字化发展

2021 年是"十四五"开局之年，各区域都将科技创新、加快数字经济发展作为发展的重点，促进企业数字化的转型，不断创新产业集群，最终实现区域高质量发展。

区域要提升自身竞争力需要推进产业的数字化转型，实施区域数字经济发展战略，迅速抢占数字经济的制高点，提升区域的综合竞争力。

（一）推进数字产业化与产业数字化

《中共中央关于制定国民经济和社会发展第十四个五年规划和二〇三五年远景目标的建议》提出，"发展数字经济，推进数字产业化和产业数字化，推动数字经济和实体经济深度融合，打造具有国际竞争力的数字产业集群"。

发展数字经济，主要包括数字产业化和产业数字化。根据中国信息通信研究院 2020 年 7 月发布的《中国数字经济发展白皮书（2020 年）》，2019年我国产业数字化增加值约为 28.8 万亿元，占 GDP 比重由 2005 年的 7% 提升至 2019 年的 29%，产业数字化加速增长。我国经济要实现高质量发展，需要进行数字经济与实体经济的结合。

目前，各地政府已经陆续对数字经济进行布局，如表 3-6 所示。

表3-6　部分区域发展数字经济举例

序号	区域	内容要点
1	北京市	大力发展数字经济。顺应数字产业化、产业数字化发展趋势，实施促进数字经济创新发展行动纲要，打造具有国际竞争力的数字产业集群，建设全球数字经济标杆城市。深入实施北京大数据行动计划，加紧布局 5G、大数据平台、车联网等新型基础设施，推动传统基础设施数字化赋能改造
2	上海市	全面推进城市数字化转型，整体推进城市数字化转型是全新的课题、系统性工程。要瞄准未来数字城市的特征和趋势，把数字城市的框架搭好，把数据应用的瓶颈打通，把应用场景的开发激活，努力打造具有世界影响力的国际数字之都
3	广州市	加快数字化发展，建成国际一流智慧城市。深入实施数字中国战略，坚持整体性转变、全方位赋能、革命性重塑，加快建设数字经济、数字社会、数字政府，以数字化转型整体驱动生产方式、生活方式和治理方式变革。包括建设数字经济引领型城市、加快数字社会建设步伐、提升数字政府建设水平
4	深圳市	顺应数字时代发展潮流，抢抓数字技术产业变革机遇，发挥数据作为最活跃生产要素的重要价值，大力发展数字经济，加快建设数字政府、智慧城市、数字社会，促进数字化转型，引领数字新生活，打造具有全球影响力的数字深圳。包括加快释放数字经济潜力、建设全球领先的数字基建、加强数字政府建设、推动城市运转更聪明更智慧、加快完善数据治理体系
5	陕西省	大力发展数字经济。深入贯彻网络强国、数字中国国家战略，实施网络强省建设行动，推进数字产业化和产业数字化，培育数据要素市场，推动数字经济和实体经济深度融合。到 2025 年，全省数字经济核心产业增加值占地区生产总值比重达到 5% 左右。包括积极推进数字产业化、深入推进产业数字化、加强数据资源开发保护利用
6	四川省	数字经济是未来发展制高点，具有强渗透性和高融合性，能够有效贯通生产、分配、流通、消费各环节，已成为推动生产生活方式变革的核心力量。发展数字经济，主要比拼的是人才、技术、创新和市场，全国各地总体在同一起跑线上，我省具备一定的比较优势，有望在发展竞争中脱颖而出，实现"换道超车"。塑造四川经济发展新优势，必须主动拥抱数字经济时代，促进数字经济与实体经济深度融合，为转型升级全面赋能，催生发展新动能。建议稿提出，构建新型基础设施体系，推动数字产业化和产业数字化，打造数字经济发展高地，加快建设网络强省、数字四川、智慧城市、数字乡村

续　表

序号	区域	内容要点
7	辽宁省	着力建设数字辽宁、智造强省，构建支撑高质量发展的现代产业体系。坚持把发展经济着力点放在实体经济上，加快工业振兴，推动制造业高质量发展，全力做好结构调整"三篇大文章"，推进产业基础高级化、产业链现代化，培育壮大先进制造业集群，加快辽宁制造向辽宁智造转变，提高经济质量效益和核心竞争力
8	西藏自治区	加快数字化发展，实施"数字西藏"建设，实施安全维稳、城市管理、民生保障、卫星资源综合利用等重大信息工程，包括高新数字、国际数字经济园区的建设。信息化发展指数达到86以上，整体水平达到西部中等水平
9	河北省	实施科技强省行动。遵循科技创新和产业变革规律，落实科技强国行动纲要，统筹创新主体、创新基础、创新资源、创新环境，系统组织开展创新链布局，多渠道增加科技投入，强化应用基础研究、关键核心技术攻关、创新平台支撑，切实提高技术源头供给能力。包括强化企业创新主体地位、建立创新性企业梯度培育机制、构建产学研深度融合的企业创新技术体系

（二）企业数字化转型加速

中小微企业在数字经济的发展过程中起着关键的作用，增强中小企业的韧性成为完成经济转型与升级、释放经济活力的关键。与大型企业相比，中小微企业处于劣势地位，主要表现在技术、经验、管理、资金、人才等方面都较薄弱，加速数字化转型成为中小微企业突破发展瓶颈的关键。

2020年4月，国家发展改革委、中央网信办发布了《关于推进"上云用数赋智"行动　培育新经济发展实施方案》（以下简称《方案》），以加强数字产业化与产业数字化促进新经济的发展。《方案》提出了未来的发展目标，包括打造数字化企业、构建数字化产业链、培育数字化生态三个方面。《方案》提出了未来发展的主要方向：筑基础，夯实数字化转型技术支撑；搭平台，构建多层联动的产业互联网平台；促转型，加快企业"上云用数赋智"；建生态，建立跨界融合的数字化生态；兴业态，拓展经济发展新空间；强服务，加大数字化转型支撑保障。《方案》还指出了近期的工作举措，包括五个方面的内容：

（1）服务赋能：推进数字化转型伙伴行动。包括发布数字化转型伙伴倡议、开展数字化转型促进中心建设、支持创建数字化转型开源社区。

（2）示范赋能：组织数字化转型示范工程。包括树立一批数字化转型企业标杆和典型应用场景、推动产业链协同试点建设、支持产业生态融合发展示范。

（3）业态赋能：开展数字经济新业态培育行动。包括组织数字经济新业态发展政策试点、开展新业态成长计划、实施灵活就业激励计划。

（4）创新赋能：突破数字化转型关键核心技术。包括组织关键技术揭榜挂帅、征集优秀解决方案、开展数字孪生创新计划。

（5）机制赋能：强化数字化转型金融供给。包括推行普惠性"上云用数赋智"服务、探索"云量贷"服务、鼓励发展供应链金融。

为了壮大中小企业的队伍，财政部、工业和信息化部联合印发《关于支持"专精特新"中小企业高质量发展的通知》（以下简称《通知》），增加专项资金作为发展中小企业的资金支持，促进中小企业的高质量发展。《通知》中规定了国家专精特新"小巨人"企业的基本条件、重点领域、专项指标，加大国家专精特新"小巨人"企业的创新力度，加快该类型企业的技术成果转化。《通知》还鼓励这类企业与行业领军企业开展深层次的合作，与行业巨头开展多种形式的协同创新，促进产业链的上游与下游的友好衔接，推动产业链补链、延链、固链的能力的提升，提升产业链在供应链上的稳定性及整体的竞争力。鼓励这类企业加快数字化、网络化、智能化的发展，通过工业设计来提升产品的品质，提高企业的品牌形象。《通知》得到全国范围内的行业领军企业的响应，促进了中小企业在经济发展中提升活跃度，向着高、精、尖方向迈进。

（三）从简单连接走向深度赋能

云、5G、AI（人工智能）等数字技术的应用，是产业集群创新发展的关键。

在新基建背景下，5G、云、AI等创新技术正在激活越来越多的传统产业血脉。中国信息通信研究院发布的报告显示，2020年至2025年期间，我国5G商用直接带动经济总产出将达10.6万亿元，将直接创造经济增加值3.3万亿元；间接带动经济总产出约24.8万亿元，间接带动的经济增加值将达8.4万亿元。

在江苏，华为带来的"云+连接"为江苏制造业提供了数字化、网络化、智能化转型服务，助力江苏省建设"365工程"取得初步成效。在过去几年里，华为已与苏州、无锡、常州等地的多个工业园区或重点企业开展合作，与江苏省380多家企业开展"一对一"合作，为江苏制造业企业转型升级提供了强大的推力。

不同于产业互联网侧重连接企业的各种数据和生产资料，从而为企业提供转型升级的动能，产业云除了连接功能外，还向企业提供产业赋能和丰富的线下服务，包含了行业的最佳经验，同时结合了多种先进的技术手段。

2019年，华为云在东莞松山湖建立工业互联网创新中心，微电子、机器人与装备制造等产业集群提供数字化转型服务。德普特是东莞松山湖一家从事电子制造行业的公司，为了满足高端客户对企业智能化工厂管理的需求，增强企业核心竞争力，2019年华为云助力德普特数字化转型，基于华为云工业互联网平台 FusionPlant 打造的大数据平台，有效降低企业运营成本，实施智能化改造之后，企业人工成本直接下降了25%～30%；2020年，更是帮助德普特有序指导复工复产，保障零疫情案例发生。

2020年11月，首个由华为牵头的东莞松山湖电子信息产业集群入选2020广东特色产业集群数字化转型试点。对此，洪方明表示："引领产业集群数字化进程，通过与行业标杆性企业或重要的工业装备集成服务商进行合作，形成共性程度较高的行业解决方案后，再到行业进行复制推广，最终助力产业上下游数字化转型升级。"[①]

业内对产业云的定义：产业云是面向区域产业集群和集群内企业，提供基于云基础设施的技术和服务解决方案平台，以赋能企业创新发展、优化区域整体效能、促进区域产业升级。产业云的核心价值有三个方面（图3-5）：第一，区域经济增长，产业云将通过推动产业与技术的融合升级，促进区域经济增长；第二，赋能企业创新，产业云将持续提升中小企业数字化转型的市场能动性，促进区域共享普惠发展成果；第三，建立生态保障，产业云将有助于推进创新生产要素融合和机制确立，优化区域经济发展基础。

---

① 周昊陈等.华为云：助力企业数字化转型，赋能产业集群式创新[N].中国经济导报：2020-12-15（03）.

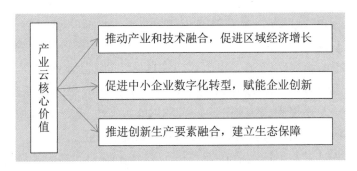

图 3-5　产业云核心价值

短短几年时间，华为云已经服务全国 100 多个城市，以创新中心为载体，为地方产业数字化转型赋能，助力产业新旧动能转换。华为云产业云创新中心为 1.5 万多家企业提供软件开发、人工智能、工业互联网、物联网、增强现实与虚拟现实、智能网联汽车、鲲鹏生态、区块链等数字化服务，为培育经济增长新动能提供重要引擎。

未来三年，华为将为超 10 万家企业提供数字化转型服务，推动以数字经济为牵引，以实体经济为切入点的产业数字化智能化转型升级。

第四节　人才队伍建设与区域自主创新

一、人才队伍建设的必要性

（1）国家的发展需要创新人才

人才可以衡量一个国家的综合实力，对提升国家综合实力具有不可替代的作用。当前国家与国家、区域与区域之间的竞争说到底都是人才的竞争。

在当今时代，我国需要大量的创新人才，这些创新人才可以应用自身所学的知识进行创新，在我国各个领域发挥作用。纵观历史，世界上每次变革都离不来创新，在每次变革中都找到创新的身影，正是因为不断创新，才能促使新产品、新技术、新制度的出现，进而推动国家和社会的进步。可以说，创新是民族发展的不竭动力。因此，培养创新人才势在必行，其必要性主要体现在以下方面。

1.国家要发展壮大，必须依靠创新人才

创新人才作为一项无限的资源，不仅是实施可持续战略的第一资源，也是国家发展的重要战略资源。我国要想在国际上拥有话语权，需要不断加强创新人才队伍建设，不断攻克科研难题，促进科研成果的创新转化。"人才兴则民族兴，人才强则国家强"，当代科技的更新速度越来越快，人才逐渐变得十分重要，因此只有人才能掌握科技、创新科技。

我国要将创新人才培养放在第一位，充分认识到创新人才资源是推动科学发展的根本动力。同时，培养创新人才也符合我国当前的现状及客观需求，符合国际上对人才开发与管理的趋势。

2.社会的发展需要创新人才

人才发展与社会发展的关系非常密切，二者之间相辅相成，社会的发展为创新人才发展提供良好的生存与发展的环境，促进创新人才的良性发展。而人才发展又反过来影响社会发展，是社会发展的动力。一般来说，人才的发展可以促进社会的发展，社会的发展对人才提出更高的要求，这一过程是不断优化的过程。

二、人才与区域发展的关系

无论对于发达国家，还是发展中国家，人才都是促进高新技术产业及高质量经济发展的关键要素，人才是整合一切有利资源的主体，人才的整体素质决定着资源开发及利用的程度。要实施人才强国战略，需要发挥人才在区域发展中的作用。区域要想提升自主创新能力，实现区域的可持续发展，人才是不可或缺的关键因素，二者关系体现在以下几点（图3-6）。

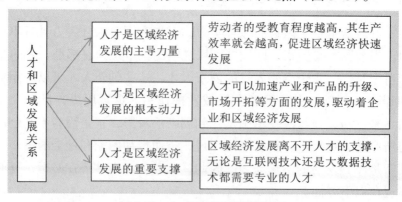

图3-6　人才和区域发展的关系

其一，人才是区域经济可持续发展的主导力量。研究发现，劳动者的受教育程度对劳动生产率的提高具有决定性的作用。一般来说，劳动者接受的教育程度越高，劳动生产率越高；反之，劳动者的受教育程度越低，劳动生产率越低。所以，当区域内的人才呈现出素质高、技术高、学历高的特点时，区域内会产生大批高新技术产业、技术密集型产业，区域经济得到迅速提高。人才在很大程度上影响或决定着区域经济的发展方向、发展速度、发展潜力、市场竞争力和经济效益。

其二，人才是区域经济发展的根本动力。在发展区域经济过程中，从特色产业的选择和培育、传统产业和产品的改造升级，到市场开拓等一系列问题都离不开人才，区域经济竞争说到底是人才的竞争，谁拥有人才，谁就拥有了未来发展的无限动力。随着我国社会主义市场经济的不断发展，市场上的自由流动因素越来越多，其中人才的流动也更加频繁。因此，我国要加强对人才的培养与引进，制定培养及引进人才的政策，现阶段区域政府为了招揽人才，发展当地经济，对人才开出较好的条件吸引其加入区域的建设中。

其三，人才是区域经济发展的重要支撑。区域经济的发展需要资金、技术、人才、资源等全方位的支撑，人才的支撑是最不可缺少的。未来的经济增长依靠的是数字经济，而数字经济所依靠的互联网、大数据等都需要大量的专业人才，才能得到长足的发展。

三、区域人才共享趋势

区域经济一体化促进了区域人才一体化，进入"十四五"时期，人才竞争将会更加理性，以产业、平台、政策、环境等为基础构建的人才生态系统将成为吸引人才的关键，区域内人才资源共享将成为新趋势。

（一）未来人才竞争呈现新趋势新特点

人才理念由"支撑发展"升级为"引领发展"，区域对人才的认识经历了人才服务发展、人才支撑发展、人才引领发展三个阶段。当下，各地都认识到人才对区域发展的重要性，各地也纷纷出台各种政策来争夺高层次的人才，面对核心技术不断需要突破，区域都认识到人才是引领发展的重要动力，从而推动了高素质、高质量人才的培养。

（二）加速人才区域性聚集

（1）人才的引领发展。成熟的城市群是区域内经济发展的重要引擎。近年来，党和国家科学决策、统筹部署，合理规划城市群规模和布局，有力推动城市集群"抱团发展"。截至目前，我国已形成长三角、珠三角、京津冀、成渝、长江中游五大城市群。五大城市群中，一部分城市群率先实现一体化发展。充分利用人才，促进人才资源共享，最大限度地发挥人才的优势力量。

（2）注重产业需求与人才的适配性。所谓适配性，指的是人才与产业需求之间的契合度。"十四五"时期，国内人才竞争将回归理性，特别是经济发达地区的招才引才将更加注重产才融合，产业战略与人才战略互为支撑，围绕产业链部署人才链，精准实现人才与产业、人才与城市发展战略的双向选择。

（3）人力资本的配置力决定未来产业竞争优势。目前杭州市湖畔实验室与浙江大学联合推出了区域内人才共享合作模式，并成立了研究中心。在研究中心，科研带头人可以自由组建自己的科研队伍，将研究项目产业化，并最终获得市场效益，服务于实体经济。企业的科研人才也可以作为高校的导师，直接辅导学校的学生，引导学生投入科研项目中，共同研发产品。

（4）集群式人才生态圈呈现蓬勃生命力。人才生态圈的构建建立在服务人才的基础上，对人才的服务不仅表现在物质方面的关怀，更多的是人文关怀，使人才安心进行科研。人才生态圈建设不仅要激励人才围绕经济社会高质量发展进行创新创造，更要保障重大、关键核心技术研发人才持之以恒地潜心研发。

（三）构建人才生态系统，实现各地人才聚集

构建人才生态系统，有助于实现各地人才聚集。在构建人才生态系统时，其要素有以下几种，分别发挥着不同的作用（图3-7）。

图 3-7 构建人才生态系统要素

（1）人才生态系统的载体要件——科创平台。首先，需要针对目前新一轮产业发展情况构建一流的科创平台，同时需要加强区域内的共享资源平台的构建，实现资源、人才的共享。其次，要加快构建区域内的人才一体化的发展园区、发展平台，充分利用当地的资源优势来促进科研成果的转化，以人才一体化发展带动区域一体化发展。最后，完善生产服务体系，健全产学研链条，提高科技成果转化率，将大量放置在实验室里的科研成果真正转化为生产力。

（2）人才生态系统的金融要件——创新资本产业。创新资本支持方式是人才生态系统的金融需求。要构建能够容纳创业者、投资人、金融机构、政府等多元主体的聚合体系，既能保证满足科技成果转化的金融需求，又能有效防范金融风险，赋予科技创新足够的试错容错机会。

（3）人才生态系统的保障要件——创新服务体系。当前，我国的劳动力供给弹性下降，劳动力相对短缺，区域人才环境和人才服务水平成为引才留才的重要考量因素。要在区域人才竞争中胜出，必须大力构建人才服务体系，可以采取以下措施（图3-8）。首先，强化人才战略研究与部署，促进人才政策的升级，根据产业需求构架人才需求，根据人才需求制定人才政策，环环相扣，实现人才生态系统的构建。其次，建立协同机制，实现人才在区域、部门之间的协作，加强人才政策咨询、市场规划、专利申请与保护、技术转移等部门之间的协作，实现人才在区域内的各项资源的充分利用。最后，加大人才政策创新，实施人才税收优惠、降低人才税负，构建科技创新容错机制，放宽对户籍与外籍人才绿卡的限制，促进人才合理有序流动。

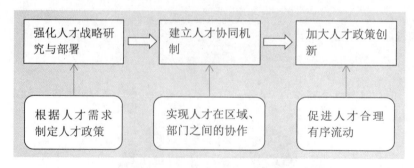

图 3-8 人才服务体系的创建措施

四、加强人才队伍建设，提高区域自主创新能力

（一）人才队伍构建的举措

要想提高区域自主创新的能力，需要对人才队伍进行建设和培养，培养出适应当前区域经济发展的创新人才，可以采取以下措施（图 3-9）。

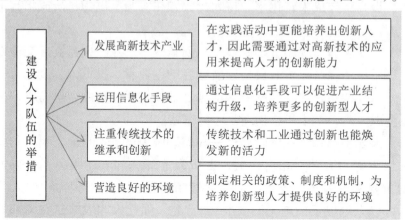

图 3-9 建设人才队伍的举措

1. 发展高新技术产业，培养自主创新人才

（1）要凭借重大科研项目，培养学科带头人。目前国家在科技项目的研发上投入了大量的人力、物力，推动科技的发展紧跟世界潮流，如国家重点基础研究发展计划（973 计划）、高技术研究发展计划（863 计划）、科技支撑计划（原有的科技攻关计划）、国家科技基础条件平台建设等，以及国家自然科学基金、国家杰出青年科学基金等，这两大项目体系构成了国家对科

技项目投入的主要方式，在这些项目中有一大批学科带头人脱颖而出，为后续的科研创新创造了良好的条件。

（2）扩大风险投资的规模，不断完善风险投资的运作机制，建立多样化的风险退出机制，为风险投资提供良好的法律环境，通过风险投资来大力发展高科技产业，培养高科技人才，为产业结构的调整和升级奠定坚实的基础。

（3）加大力度建设科技创业中心，鼓励企业、个人成立科技创新孵化器，加大对科技创新的资金、政策支持，通过科技创新孵化器，培养一批掌握高新技术的人才。

（4）鼓励企业与高校紧密合作，进一步完善校企合作的运行机制，通过建立研究中心、技术中心、科技创新服务中心等实现产、学、教、研一体化，利用高校优势来培养创新人才。

2. 运用信息化手段培养创新型人才

信息化指的是运用现代信息技术、大数据技术，开发信息资源与发展信息产业，信息化手段要求信息技术具有广泛的渗透性与强关联性，为企业拥有更强的竞争力打下坚实的基础。促进产业结构升级，需要大力发展电子信息产业，可以通过直接引进、合作建立等方式发展区域核心技术，同时区域内的高新技术产业要不断发展，如光电子技术工业、高分子化学工业、新兴材料工业、生物工程工业、海洋开发工业等技术含量较高的新兴工业，不断加大新产品的研发力度，从而培养更多的创新型人才。

3. 注重传统技术的继承与创新，培养从事传统技术开发与创新的人才

当前我国传统工艺仍面临保护乏力、后继乏人的问题，也在适应现代市场经济过程中面临诸多挑战。利用现代科技手段，融合现代创意和设计，将以创新的方式传承传统工艺，并推动其持续发展，从而培养出更多从事传统技术开发与创新的人才。

4. 为创新型人才培养提供良好的环境

良好的创新环境营造需要相关政策的扶持。各地出台的引进和培养人才的政策与措施体现了对人才的重视，进一步加强了人才队伍建设，提升了人才的质量与数量。首先，优化育人环境，建设有利于创新型人才生成的教育培养体系。更新教育理念，树立以人为本的教育理念；改革教育模式，以培养创新型人才为核心，大力推进素质教育，改革教育模式；创新教育制度，

培养具有创新能力的学生。其次，优化创业环境，建立有利于创新型人才成才的体制机制。搭建各类创新创业平台，以平台聚集人才；构建团结和谐的组织机制，建立公平、公正、公开的竞争机制；完善制度和政策保障，重点改革人才评价制度。最后，优化社会环境，营造有利于创新型人才成长的氛围。全面贯彻尊重劳动、尊重知识、尊重人才、尊重创造的方针，在全社会培育创新意识，提倡创新精神。

（二）人才是影响区域自主创新能力提高的主要因素

我国区域自主创新能力有了显著提高，全国各地对科技投入的力度不断加大，表现在每天用于支持科技创新的费用在增加，企业及研发机构等也在加大对科技的投入力度，科技领域迎来了黄金发展时期，产生了大量的创新成果。影响区域自主创新能力的因素是多种多样的，如技术发展的基础差、创新意识不足、创新人才短缺等，其中人才是主要因素，当前的重点是培育科技人才，特别是创新型科技人才的培养迫在眉睫。

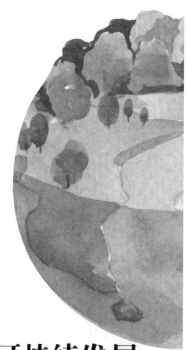

第四章　区域协调可持续发展

第一节 区域协调发展战略

一、区域协调发展

（一）区域协调发展的历程

区域协调发展是在党的十六届三中全会上提出的。

2018 年又出台了《中共中央国务院关于建立更加有效的区域协调发展新机制的意见》，为进一步加强区域发展的战略，促进区域协调向着更高水平及更高质量发展提供了政策上的支持。

（二）协调的发展观

1. 人与地的协调

人与地之间的协调所遵循的是人与自然的和谐相处。大自然的资源是丰富多彩的，人类对各类资源进行多元化的开发，满足自身发展的需要。随着现代科技的发展，人类需要在满足自身发展需求的前提下，合理利用资源，在保护环境的前提下对资源进行开发与利用。工业革命促进了新的生产方式的产生，大大促进了生产力的发展，但这样的经济增长方式也造成了环境的污染与资源的短缺，一系列的环境问题也凸显出来，全球变暖、冰川融化、温室效应、酸雨污染、荒漠化加剧等都进一步加大了环境的负担，经过种种教训，人们认识到要实现长期的发展，需要改善人与社会、环境、资源的关系，需要对各项资源进行统筹管理。"十四五"规划主张全面贯彻党的基本理论、基本路线、基本方略，统筹推进经济建设、政治建设、文化建设、社会建设、生态文明建设的总体布局，协调推进全面建设社会主义现代化国家、全面深化改革、全面依法治国、全面从严治党的战略布局，坚定不移贯彻创新、协调、绿色、开放、共享的新发展理念，坚持稳中求进工作总基调，以推动高质量发展为主题，以深化供给侧结构性改革为主线，以改革创新为根本动力，以满足人民日益增长的美好生活需要为根本目的，统筹发展和安全，加快建设现代化经济体系，加快构建以国内大循环为主体、国内国际双循环相互促进的新发展格局，推进国家治理体系和治理能力现代化，实现经济行稳致远、社会安定和谐，为全面建设社会主义现代化国家开好局、起好步。在优化区域经济布局、促进区域协调发展方面，强调优化国土空间开发保护格局、深入实施区域重大战略、深入实施区域协调发展战略、积极拓展海洋经济发展空间。

2. 人与人之间的协调

人与人的协调发展涉及公平与效率问题，是区域协调发展的基础，包括该如何处理当代人之间的关系、代际关系等方面。

1）当代人之间的关系

由于区域协调发展是一个长期性、动态性的过程，所以要避免两种不良的倾向：一是在经济发展水平较低的阶段，盲目追求公平和平衡。由于区域本身存在着发展不平衡的情况，有的地区发展得较好，有的地方发展较差，存在着先后发展的差距，如果盲目地追求公平与平衡，往往会忽略了经济发展的效率。二是过于重视经济的发展，而忽略其他方面（人口、就业、环境、资源等）的发展。在经济发展的过程中，其他方面可能并不能"齐头并进"，如果对于社会的不公平及区域之间的差异采取无视态度，会导致滋生许多社会不稳定因素，阻碍区域协调发展。

同时，当代人之间的关系，存在三个阶段的变化，即效率大于公平阶段、效率等于公平阶段、效率小于公平阶段，在每个阶段中，当代人之间的关系会处于不同的状态。因此，在区域协调发展的过程中，需要根据当代人之间的关系采取适当的举措，避免上述两种倾向，科学处理当代人之间的关系，公平对待每一领域，实现社会系统内的有序发展。

2）代际关系

"前人栽树，后人乘凉"，这句话说明当代人的生存和发展会影响后代人的生存和发展。因此，社会与区域的发展必须在不对后代人构成威胁的基础上。可以采取如下措施：科学解决环境与生态的问题，努力实现经济的增长与环境、资源的协调发展；坚持可持续发展战略，为子孙后代进行规划，处理好代际关系。

该如何处理代际关系呢？首先，需要重视资源开发与环境的承载能力，这是后代人生存和发展的基础，如果破坏大自然的生态系统，则不能很好地支持当代人、后代人的生存。其次，需要尽可能实现每一代富裕生活及为其提供美好的生活环境，通过协调发展与环境、资源的关系，不仅可以实现经济增长，还可以实现环境的优化。

3.地区之间的协调

区域与区域之间存在着差异，需要在发展的过程中，充分利用各地区的特点与优势来发展经济，实现各地资源的优化配置，最终实现区域与区域之间的协调发展。区域协调发展的目标是要实现基本公共服务均等化，基础设施通达程度比较均衡，人民生活水平大体相当。

区域与区域之间要实现协调发展，需要解决以下问题：

首先，充分发挥各地区的优势，在布局上侧重发展区域的优势资源，带动相关产业的发展，实现区域经济的发展。

其次，要加快贫困地区、欠发达地区的发展，通过缩小区域间的差距，来实现区域与区域之间的协调发展。

再次，要在宏观布局上逐渐完善全国统一市场，实现资源、要素、商品的合理流动，促进资源间的优化配置。

最后，要因地制宜、统筹兼顾、分类指导、分级决策，合理选择区域发展模式，利用资源发展经济，使区域发展不仅实现经济的增长，促进区域的兴盛，还能彰显差异，形成具有竞争力的优势。

二、区域协调发展总体战略

2020 年 5 月 22 日，国务院总理李克强在作政府工作报告时指出，加快落实区域发展战略。继续推动西部大开发、东北全面振兴、中部地区崛起、东部率先发展。深入推进京津冀协同发展、粤港澳大湾区建设、长三角一体化发展。推进长江经济带共抓大保护。编制黄河流域生态保护和高质量发展规划纲要。推动成渝地区双城经济圈建设。促进革命老区、民族地区、边疆地区、贫困地区加快发展。以下就推进京津冀协同发展、粤港澳大湾区建设、长三角一体化发展、成渝地区双城经济圈建设等展开。

（一）京津冀协同发展

《京津冀协同发展规划纲要》是在 2015 年的中共中央政治局会议上审议通过的，作为北京、天津、河北三地发展的纲领性文件。《京津冀协同发展规划纲要》所确定的发展目标、战略定位及相关政策为推进京津冀的交通、产业、生态环境、城镇建设发挥着积极的作用，在当下具有现实意义，在将来具有战略意义，目前需要根据发展目标、战略定位来进一步促进京津冀协同发展。

京津冀协同发展战略推进了"四个全面"的战略布局，是经济新常态下拉动中国区域经济发展的重要举措，是提升我国城市群国际竞争力的重要战略选择，还是解决首都大城市病、破解京津冀深层次问题的重要手段。

在实施京津冀协同发展的过程中，需要做的是不断创新机制体制，促进三大区域内的联动。

其一，要在发展过程中，把握《京津冀协同发展规划纲要》的实质内涵，要站在一个新的高度上来制定现在与未来的发展规划，增强时代使命感与历史责任感。《京津冀协同发展规划纲要》对三地协同发展的指导思想、基本原则、定位布局及战略重点作出了明确的部署，京津冀协同发展战略的核心是疏解北京非首都功能，调整经济结构和空间结构，走出一条内涵集约发展的新路子，探索出一种人口经济密集地区优化开发的模式，促进区域协调发展，形成新增长极。

其二，要树立大局意识。推动京津冀协同发展是党中央、国务院在新的历史条件下作出的重大决策部署，是一项意义重大而深远的国家战略，也是一项庞大的系统工程。区域协同发展要求立足于共同发展的理念，特别是天津、河北的发展要积极配合首都北京向外疏解非首都功能的决策，积极承接北京向外转移的企业与机构，为首都分担压力。

其三，要实现协同发展，需要创新体制。京津冀协同发展不仅要疏解北京非首都的功能，更要加强各产业、区域之间的协作，在协作过程中，不断创新体制机制，建立适合协同发展的长效机制，实现合作共赢。推进京津冀协同发展体制机制创新，建立良好的疏解、合作、协同机制，实现决策层、协调层、执行层三级联动、运作结合的新机制，促进三地发展。

（二）粤港澳大湾区建设

2019年，中共中央、国务院印发了《粤港澳大湾区发展规划纲要》，指出将粤港澳大湾区建设成充满活力的世界级城市群、国际科技创新中心、"一带一路"建设的重要支撑、内地与港澳深度合作示范区，打造成宜居宜业宜游的优质生活圈，成为高质量发展的典范。内地与港澳深度合作示范区以香港、澳门、广州、深圳四大中心城市为发展重点，引领周围城市的发展，发展成世界级城市群。国家的"十四五"规划汇总提到，要加强粤港澳产学研协同发展，完善广深港、广珠澳科技创新走廊和深港河套、粤澳横琴科技创新极点"两廊两点"架构体系，推进综合性国家科学中心建设。粤港澳大湾区要打造成国际一流湾区。

1. 粤港澳大湾区的战略意义

粤港澳大湾区涉及香港、澳门的发展，是实施"一国两制"的具体体现，具有战略意义。

（1）打造粤港澳大湾区有利于进一步加强内地与香港、澳门的交流、合作，为各区域的经济及社会发展提供更多的交流机会，促进区域协调可持续发展。

（2）打造粤港澳大湾区有利于贯彻新发展理念，在优化产业结构的基础上，推动供给侧结构性改革，运用现代科技促进经济发展，加快科技创新成果转化，为区域经济发展提供动力。

（3）打造粤港澳大湾区有利于深化改革、扩大开放，为推进开放型经济发展创造有利条件，有利于与世界经济发展接轨，建立与国际经济积极互动的平台，促进经济的高质量发展。

（4）打造粤港澳大湾区有利于推进"一带一路"建设，区域与区域之间双向开放，实现资源、贸易等交流。

2. 粤港澳大湾区建设要遵循的基本原则

粤港澳大湾区建设是区域协调发展的重点建设项目之一，需要遵守以下原则（图4-1）。

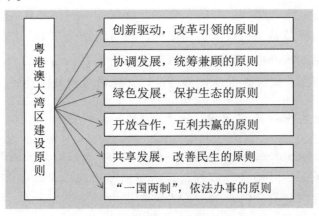

图4-1 粤港澳大湾区建设原则

（1）创新驱动，改革引领的原则。实施创新驱动发展战略，完善区域协同创新体系，集聚国际创新资源，建设具有国际竞争力的创新发展区域。全面深化改革，推动重点领域和关键环节改革取得新突破，释放改革红利，促进各类要素在粤港澳大湾区便捷流动和优化配置。

（2）协调发展，统筹兼顾的原则。实施区域协调发展战略，充分发挥各地区比较优势，加强政策协调和规划衔接，优化区域功能布局，推动区域城乡协调发展，增强发展的整体性。

（3）绿色发展，保护生态的原则。大力推进生态文明建设，树立绿色发展理念，坚持节约资源和保护环境的基本国策，实行最严格的生态环境保护制度，坚持最严格的耕地保护制度和最严格的节约用地制度，推动形成绿色低碳的生产生活方式和城市建设运营模式，为居民提供良好的生态环境，促进粤港澳大湾区可持续发展。

（4）开放合作，互利共赢的原则。以"一带一路"建设为重点，构建开放型经济新体制，打造高水平开放平台，对接高标准贸易投资规则，加快培育国际合作和竞争新优势。充分发挥港澳独特优势，创新完善各领域开放合作体制机制，深化内地与港澳互利合作。

（5）共享发展，改善民生的原则。坚持以人民为中心的发展思想，让改革发展成果更多、更公平地惠及全体人民。提高保障和改善民生水平，增加优质公共产品和服务供给，促进社会公平正义，增强粤港澳大湾区居民的获得感、幸福感、安全感。

（6）"一国两制"，依法办事的原则。把坚持"一国"原则和尊重"两制"差异有机结合起来，坚守"一国"之本，善用"两制"之利。把维护中央的全面管治权和保障特别行政区的高度自治权有机结合起来，尊崇法治，严格依照宪法和基本法办事。把国家所需和港澳所长有机结合起来，充分发挥市场化机制的作用，促进粤港澳优势互补，实现粤港澳共同发展。

（三）长三角一体化发展

长三角地区主要指的是上海、江苏、浙江、安徽，这一区域的发展特点是区域位置较好，环境条件较好，经济发展基础深厚，各项体制较为健全，城乡一体化程度较高，科学与教育发展在国内处于领先水平。2019年，《长江三角洲区域一体化发展规划纲要》发布，从规划要求、规划范围、战略定位、发展目标、保障机制上进一步作了部署。在战略定位上，《长江三角洲区域一体化发展规划纲要》确定了"一极三区一高地"，其具体含义如下（图4-2）。其中，"一极"指的是全国发展强劲活跃增长极，具体要求是增强长江三角洲地区的市场活力，充分发挥市场主体的活力，利用现代技术，增强能源创新能力，在全球范围内提升竞争力。"三区"是指全国高质量发展样板区、率先基本实现现代化引领区、区域一体化发展示范区。"一高地"指的是新时代改革开放新高地。为进一步深化改革开放，长江三角洲地区的经济发展需要进一步深化改革，以更高层次的对外开放实现改革开放新高地建设。

在全国经济发展中，长江三角洲起着引领的作用。长江三角洲的一体化发展提升了长江三角洲在国际上的地位，也增强了其核心竞争力，引领我国区域经济参与到国际市场中去，还有利于促进区域协调发展，创新区域一体化发展的路径，为全国区域一体化发展提供参考范例。《长江三角洲区域一体化发展规划纲要》进一步整合了区域内部各地区的优势资源，促进了经济的高质量发展，也通过区域一体化提升了长江三角洲地区的整体经济实力。

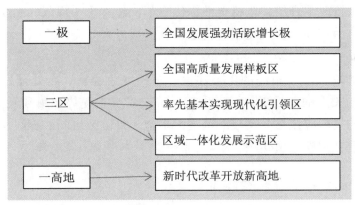

图4-2 "一极三区一高地"含义

促进长江三角洲区域一体化发展的具体措施如下：

（1）要充分发挥上海的带头作用，利用江苏、浙江、安徽各地的优势资源，加强跨区域的深度资源整合，实现各地互补合作，提升该区域的都市圈水平，向国际化水准看齐。要推动长江三角洲区域内的城乡融合发展，促进城乡可持续发展，各地利用自身优势发展具有竞争力的特色经济，实现区域内的联动发展。

（2）还要进一步发展创新机制，通过创新理念的引导，实现科技创新引领产业转型升级的目的，促进创新链与产业链的融合，以科技化带动产业的升级与发展，促进实体经济的发展，增强区域经济在全球价值链中的优势，为区域经济的高质量发展注入强大的动力。

（3）坚持适度超前的原则，促进区域产业优化与升级，推进区域基础设施建设，通过构建基础设施体系，实现互联互通、分工合作，扩大开放的力度与广度，增强区域一体化在实力与条件上的优势，为区域协调发展打下坚实的基础。

（4）将增强人民的幸福感与自豪感作为促进区域经济协同发展的出发点，通过提升公共服务水平，促进社会公平正义，创造更好的条件来打造宜居环境，长江三角洲区域一体化的最终目标是使发展的成果惠及当地的居民。

（5）在"一带一路"倡议的统领下，通过区域协同发展，将对外开放推向了更高层次、更广领域，促进了改革开放的深化，有利于构建开放型的经济新体制，增强国际竞争优势。

（6）坚持改革开放，坚持全面深化改革，建立统一规范的制度体系，加强要素的自由流动，实现要素的自由组合，促进产业升级，提升经济增长的内生动力。

（7）加快长江三角洲的生态建设，发展绿色经济，在处理好经济与环境、资源的关系的前提下，探索生态优势，将生态优势运用到经济发展上。绿色经济的发展应该在一个较大范围内实施，打破区域间的界线，促进区域一体化发展，实现区域共赢。

（四）成渝地区双城经济圈建设

成渝地区指的是四川成都和重庆及之间的地区，位于长江流域的上游，属于西部经济发展水平较高的区域，具有较大的发展潜力。另外，成渝地区是长江经济带的主要部分。成渝地区主要分为五大经济带：成绵乐发展带、成南（遂）渝发展带、成内渝发展带、渝广达发展带、沿长江发展带（图4-3）。成渝地区包括三个城镇密集区：达万城镇密集区、南遂广城镇密集区、川南城镇密集区（图4-4）。成渝地区双城经济圈建设能够促进区域内各地优势互补，实现区域经济高质量发展，对进一步扩宽市场渠道、稳定与优化产业链、构建国内大循环的经济模式有积极的作用。

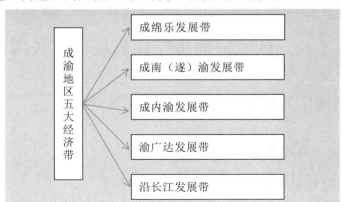

图 4-3　成渝地区五大经济带

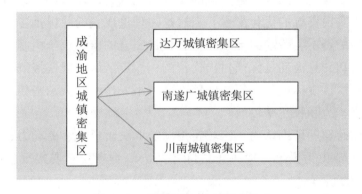

图 4-4　成渝地区三个城镇密集区

　　成渝地区双城经济圈建设激活了西部地区经济发展，促进西南与西北的沟通，同时利用地理优势来推动长江上游地区与"一带一路"建设契合。成渝地区双城经济圈建设也进一步促进了该区域的城镇化发展。

　　推动成渝地区双城经济圈建设，有利于促进西部地区经济的高质量发展，实现内陆开放的优势。在成渝地区双城经济圈建设过程中，要尊重客观规律，挖掘区域内的优势，促进区域资源整合与利用，强化成都、重庆作为中心城市的引导作用，使成渝地区成为在全国较具影响力的经济、政治、科技创新中心，打造改革开放的新高地，助力高品质生活宜居地建设，促进经济高质量发展。

第二节　区域协调可持续发展的相关因素

一、区域协调可持续发展与经济发展的速度

（一）相关的发展理论

1.区域均衡发展理论

区域均衡发展理论的代表理论是新古典区域均衡发展理论，该理论认为，市场千变万化，是一只看不见的手。人们认为，在市场中，通过引入价格和竞争来实现资源的优化配置。当然这一理论成立的前提是各假设条件成立：生产中的资本、劳动力可以相互替代；完全的市场竞争机制；生产要素可以自由流动，且流动是无须付出代价的；假定区域的规模报酬不变，技术条件一定；默认发达地区的资本密集度高；不发达地区劳动密集度高，工资相对低，资本边际收益率较低。

区域均衡发展理论认为，区域经济增长取决于资本、劳动力、技术，这些要素能否转化为报酬，取决于边际生产力。生产要素要实现较高的报酬率，需要不断竞争。

常见的区域均衡理论有赖宾斯坦的临界最小努力命题论、纳尔森的低水平陷阱理论、罗森斯坦·罗丹的大推进理论、纳克斯的贫困恶性循环理论、纳克斯的平衡增长理论。

2.区域非均衡发展理论

区域非均衡发展理论认为，区域之间存在着差异，尤其是经济的差异，这也是世界范围内经济发展的一个普遍现象。发展中国家最初选择非均衡发展理论来发展部分区域的经济，由先发展起来的区域带动其他区域经济的发展。区域非均衡理论与区域均衡发展理论常常被应用到区域的规划中，作为区域发展的重要理论基础来指导具体的区域规划。

区域均衡发展理论强调的是静态的分析，对问题进行抽象化，运用到区域发展中，与实际的现状有着较大的出入，无法与现实发展相匹配。而非均衡发展理论强调的是优先发展一类或者几类产业或部门，通过一个、几个部

门的发展带动其他部门的发展。在经济发展的初期阶段，非均衡发展理论对发展中国家的区域发展具有积极的指导意义，更有现实性。

一般来说，非均衡发展理论大体可以分为两类：一类是无时间变量的，主要表现为冈纳·缪尔达尔的循环累积因果理论、阿尔伯特·赫希曼的不平衡增长理论、佩鲁的增长极理论、弗里德曼的中心—外围理论、区域经济梯度转移理论；另一类非均衡发展理论以威廉姆森的倒"U"形理论为代表。

3. 中国区域发展空间的格局拓展

中国区域发展空间的格局实现了从非均衡到相对均衡的演变。改革开放以来，我国各项事业取得了辉煌的成就，尤其是经济发展令人瞩目。近几年，我国的经济发展放缓，朝着高质量发展的方向迈进，国家从需求侧进行了宏观调控，致力于生产效率的提升、资源的合理利用与优化配置、供给侧结构性改革等，促进中国经济持续增长。

（1）区域经济空间格局的发展阶段。一般来说，改革开放以来的区域经济空间格局分为四个阶段（图4-5）。

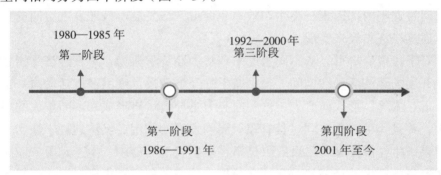

图4-5 改革开放以来区域经济空间格局四个阶段

第一阶段（1980—1985年）：东部沿海地区优先发展，国家经济发展重心在东部地区。由于进行了农村经济体制改革，提高了农业生产效率，使第一产业成为稳步推进经济增长的主要力量。

第二阶段（1986—1991年）：东部经济持续发展，区域经济发展的重点是沿海地区，广东省利用政策优势与地理位置优势，优先发展外向型经济，成为东部沿海地区经济发展的示范者与带动者。随着改革开放的深入，东部沿海地区依靠其发展优势，成为第二产业发展的集中地，促进了第二产业的发展，提升了国家经济发展质量，优化了产业结构。

第三阶段（1992—2000年）：随着改革开放的深入，对外开放的程度变大，区域经济发展全面沿海化，第三产业在北京、上海、广州等城市产生，东部地区成为经济发达区，与中部、西部的差距拉大，经济活动也主要集中在沿海地区，尤其在广东、浙江、北京、上海，经济活动初步形成了京津冀、长江三角洲、珠江三角洲这三大区域。

第四阶段（2001年至今）：区域协调发展战略的提出促进了我国区域经济从非均衡发展逐渐向均衡发展过渡，经济发展的重心朝着中部、西部转移，中西部的经济得到较大发展，支撑中西部经济增长的主要是第二产业，东部地区与其他地区的经济增长率差距逐年缩小。

（2）区域发展空间的格局。区域发展空间的拓展从根本上说就是在原有的区域空间的基础上运用现代高科技、先进理念进行区域新空间的拓展，一般来说，分为外延式拓展与内涵式拓展。所谓外延式拓展主要指的是实际的地理空间的扩大，包括土地、资源的扩展。内涵式拓展主要指的是在地理空间不变的前提下，"向内拓展"，主要是技术、集聚能力、结构、功能的提升，通过这些内部因素提高生产效率，促进区域发展。区域发展空间的拓展可以通过经济集聚来实现。

对于集聚经济可以从不同角度来理解。经济学认为，集聚经济是指各行各业开展的经济活动在空间上集中产生的经济效果，吸引经济活动向一定区域靠近、聚拢，形成向心力，这种向心力是导致城市形成和不断扩大的基本因素，并且这种向心力同时具有辐射周围发展的作用。经济地理学认为，集聚效果产生经济集聚，集聚效果是指在社会经济活动中，生产和服务职能在地域上集中产生的经济效果和社会效果。从不同角度对集聚经济的理解都强调规模经济以及外部经济要实现集聚效果，促进区域发展，其基本途径如下（图4-6）。

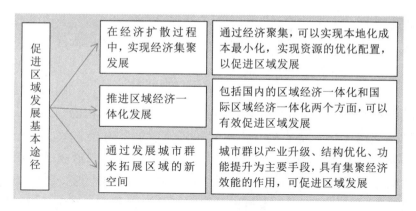

图 4-6 促进区域发展基本途径

其一，在经济扩散过程中，实现经济集聚发展。与经济集聚相对的是经济扩散，两者的目的都是降低生产成本，促进区域经济发展。新经济地理理论通过产生集聚力的"市场接近效应""生活成本效应"以及产生分散力的"市场拥挤效应"分析经济集聚与经济扩散现象。在发展经济与提高生产效率的过程中，需要不断强化集聚效应，通过经济集聚，实现本地化的成本最小化。例如，产业内实现资源的优化配置、加强劳动力市场的整合、现代网络化技术带来的交通成本的大幅度节约、基础设施共享带来的资源节约等都会节约成本，促进经济发展。对于土地利用来说，将经济活动放在土地利用率较高的区域，其带来的经济效益也会更高，经济集聚可能不会带来直接的经济效益，但经济集聚带来的技术创新与资源优化配置非常重要。当经济集聚发展到一定阶段，会产生集聚成本，使费用增加或效用减弱。经济活动在经济分散力的作用下扩展到更大的领域，实现新一轮的经济集聚。可以说这一过程是一个区域发展能力提升的过程，从而实现了区域发展空间的内涵式拓展。

其二，推进区域经济一体化发展。区域经济一体化不仅包括国内的区域经济一体化，还包括国际区域经济一体化。国内的经济一体化包含的内容较多，主要包括农村与城市的经济一体化、发达区域与落后区域的经济一体化、区域与区域的经济一体化，经济一体化可以在一定范围内形成资源集中优势，凝聚力量发展优势产业，通过产业发展，实现区域发展。对于国际区域经济一体化来说，随着我国对外开放的程度越来越高，对外经济合作与外商投资增加，使得我国的国际化水平也有了较大的提升，促进了国际区域经济一体化发展。

其三，通过发展城市群来拓展区域的新空间。城市群是经济发展到一定阶段的产物，城市群是在经济全球化的背景下发展而来的具有强大竞争力的区域单位，也是我国经济发展的主要空间组织形式。目前，国内发展较为成熟的城市群主要有京津冀、长江三角洲、珠江三角洲城市群，在未来要以产业升级、结构优化、功能提升为主要手段，发展具有集聚效能的经济。另外，还要促进其他区域的经济发展，重点促进城市群的形成，包括重点推进成渝地区、环北部湾地区、云南延边地区的经济集聚发展。以城市群为中心，辐射周围区域的发展，实现区域内资源的整合与充分利用，鼓励新的技术与产业的发展，开拓区域的新发展空间。

（二）区域经济发展模式与经济发展速度

均衡战略的实施使区域发展是否协调与经济发展速度之间的关系成为热点。探讨两者之间的关系，对我国的社会发展与经济增长具有较强的指导作用。

区域非均衡发展战略促进了我国区域内的经济迅速发展，为我国 GDP的增长持续贡献力量，但随着东部与中西部之间差距的加大，贫富差距明显，这一问题需要进一步解决。国家先后出台了推进西部大开发、振兴东北老工业基地、促进中部地区崛起和鼓励东部地区率先发展的区域平衡发展战略，利用东部的有利条件，带动中西部地区发展，这样可以巩固东部发展的成果，加快中西部经济发展，实现经济稳定增长。

二、区域协调可持续发展与产业结构

要促进经济增长，实现产业结构升级是重要的手段，也进一步推进了区域经济的可持续发展。

（一）区域产业结构升级

区域产业结构在进行升级时，可以采取以下措施，以提升区域产业升级的效率（图4-7）。

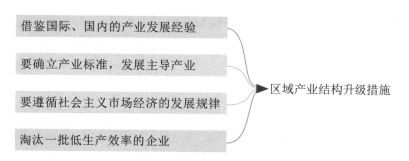

图 4-7　区域产业结构升级措施

第一，借鉴国际、国内的产业发展经验，根据当地的发展现状，制定出可行的产业政策，促进特色产业、特色经济的发展，通过特色产业优势带动其他产业升级。

第二，要确立产业标准，发展主导产业。主导产业在产业升级中起着带头作用。例如，西部地区轻工业与重工业的比例失衡，新型产业的发展速度较慢，产业之间的关联性较差，产业结构不合理。所以，发展西部地区产业，需要优化区域内的产业结构，所培育的主导产业可以引导其他相关产业升级，推动区域经济结构优化升级，实现经济增长。

第三，要遵循社会主义市场经济的发展规律，积极引导东部的劳动密集型、高能耗、大运量产业的转移，在产业空间转移的过程中，要加大技术投入、人力资本投入，在减少成本的过程中，还要具备产业的竞争力。

第四，要抓住时机淘汰一批低生产效率的企业，发展一批新的企业，这些新的企业主要表现为高生产率、高科技等，要建设资源节约型与环境友好型的企业，实现产业结构升级，促进区域经济协调发展。

（二）促进城乡协调发展

在城镇化过程中，要处理好城市与乡村发展的关系，既要抓好城镇化的各项工作，又要促进乡村经济发展、城乡协调发展。城市与乡村充分挖掘各自的资源优势，发展相关产业，实现资源的整合，实现产业升级，同时要发展第三产业。乡村要充分利用现代旅游模式来挖掘乡村的发展优势，促进乡村增收，将特色产业的发展纳入特色经济发展中，实现城乡协调发展，实现可持续发展。

西部地区第三产业发展，其意义在于：

首先，促进了城乡二元经济结构的改变，也促进了"和谐西部"的建设与发展，第三产业在"和谐西部"的建设过程中具有基础性、引导性、全局性的作用。第三产业对建设资源节约型、环境友好型社会具有积极的作用，同时有利于城乡协调发展。

其次，第三产业的发展促进了城乡居民的就业，实现了区域间的经济联动，为实现区域经济一体化提供了条件。第三产业以服务为主要特色，是优化产业结构，实现产业结构升级的必然选择。第三产业促进了就业模式的改善，优化了人力资源，可以解决经济发展中的一些矛盾，促进西部地区特色经济发展，提升区域经济的竞争力，促进城乡经济统筹发展。

最后，第三产业的发展促进区域内的产业结构的优化升级，加快西部地区的经济发展方式的转变，促进西部经济一体化发展。

三、区域协调可持续发展与经济运行质量

经济运行质量和区域协调可持续发展具有十分密切的关系，要想实现经济高质量发展，就必须坚持区域可持续发展战略，二者的关系如下（图4-8）。

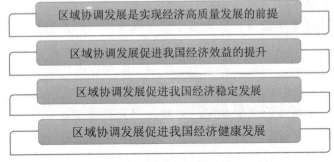

区域协调发展是实现经济高质量发展的前提

区域协调发展促进我国经济效益的提升

区域协调发展促进我国经济稳定发展

区域协调发展促进我国经济健康发展

图4-8　区域协调可持续发展和经济运行质量关系

（一）区域协调发展是实现经济高质量发展的前提

区域经济非平衡发展的战略对发展我国经济起到一定的作用，随着经济发展，需要缩小区域之间的差距，要改变区域经济发展不协调的局面，促进经济的均衡发展。

区域发展的不协调首先影响的是发达地区的进一步发展。东部地区以及按照主体功能区划分出的有限开发区是现阶段我国发展较好的区域，但很多资源的供给需要依靠中部、西部不发达地区。如果仍然保持着东部与中西部

的差距，只会使差距越来越大，最终西部落后的经济结构、交通等也会影响到东部地区的发展，所以要重视中西部的经济发展，缩小东部与中西部之间的差距。区域发展的不协调还会影响经济的高质量发展。而实现全国范围内的区域协调发展，可以促进我国经济快速转型，实现经济高质量发展。

（二）区域协调发展促进我国经济效益的提升

在经济快速增长的同时，还应当看到高耗能的产业占较大比重、产能过剩、资源利用率低、循环经济规模不够等。要提高整体的经济效益，需要大力发展生产力，促进产业升级，促进产业结构优化。在制定产业政策的时候，要将产业结构优化与区域发展的现状结合起来，促进国民经济稳步发展。

（三）区域协调发展促进我国经济稳定发展

我国目前的经济增长放缓，目的是为了实现经济的高质量增长，高质量的经济增长离不开经济的稳步增长。区域协调发展可以促进资源优化配置和充分利用，发挥各区域的优势，协调各方面要素，稳中求进，保持我国经济的稳定发展，促进经济高质量发展。

（四）区域协调发展促进我国经济健康发展

区域经济的发展是区域内的各项工作协调进行的结果，只有做到人口、社会、环境、资源的协调发展，才能不断促进经济健康发展。

经济的增长往往意味着能源需求量的增多，同样意味着污染物的排放量增多，如果不强调环境和资源的协调发展，会导致很多的环境问题。目前，我国的整体人口的基数较大，人均占有的资源有限，对环境资源的保护不够重视，某些区域会为了追求经济高速增长，忽视环境污染问题，导致后续要花费大量的时间和资源对环境进行"修补"，得不偿失。实际上，从长远来看，区域协调发展，重点在于协调环境、资源和社会的关系，可以有效保护环境，实现经济的健康发展。

因此，经济的健康发展，必须坚持区域可持续发展，从根本上改变以上各要素之间的关系，建设资源节约型与环境友好型的资源模式，这样才能促进经济健康发展，而经济的健康运行可以保证整个国民经济顺利运行。

第三节 城市韧性与乡村振兴

如今，我国的城镇化进程不断加快，较大的城市群正在形成，而气候变化及生态环境的承载力等因素正在影响着城市的发展，突发的城市灾害给城市韧性带来了巨大的威胁。为了解决这一问题，国际上开始探讨城市韧性理论及如何提高城市的承载力与恢复力。

一、城市韧性

城市韧性也称为城市弹性、城市包容、城市活力。城市韧性最早是在1973 年由加拿大知名生态学家 Holling 提出的，他指出韧性是"系统能够较快恢复到原有状态，并且保持系统结构和功能的能力"[①]。Alberti 将城市韧性定义为"城市一系列结构和过程变化重组之前，所能吸收与化解变化的能力与程度"[②]。目前，对城市韧性的研究主要集中在生态韧性、工程韧性、经济韧性、社会韧性四个方面。城市韧性被认为是新的城市规划理论，所依靠的技术路线是根据城市的外部环境，识别城市发展动力，根据不同环境下的城市冲击状况，及时进行城市调整与优化，进行基础设施建设，提高城市应对各种冲击的能力。韧性城市是指城市能够适应新环境，遭遇灾难后快速恢复，而且不危及其中长期发展。联合国建议打造韧性城市应对自然灾害，城市必须在制定低碳可持续发展路线的同时，采取措施提高其韧性。

（一）城市的承受、弹性、再造

韧性城市在遇到外界变化时会有以下三个阶段的表现。

（1）承受。外部出现某些变化时，由于现有城市系统本身已留有余地，可以承受一定程度的变化，进行消化，而不必马上作系统调整。

---

① HOLLING C S. Resilience and stability of ecological systems[J]. Annual review of ecology and systematics, 1973 (4): 1-23.

② Alberti M, Marzluff J, Shulenberger E, et al. Integrating humans into ecosystems:opportunities and challenges for urban ecology[J].BioScience,2003,53（4）: 1169-1179.

（2）弹性。外部变化加大，但城市系统能进行一定的自我调整，适应变化。

（3）再造。在变化更大的时候，城市有能力再造新的城市系统，在新的外部条件下继续发展，包括经济、社会、环境三个方面。

（二）城市韧性的评价指标

城市韧性理论需要有一套完整的、成熟的标准或指标体系，如表4-1所示。

表4-1 城市韧性的评价指标

序号	评价指标	开发主体	主要内容
1	韧性城市指标体系	联合国减灾战略署	包括制定减轻灾害风险预算、维护更新并向公众公开城市抗灾能力数据、维护应急基础设施、评估校舍和医疗场所的安全性能、确保学校和社区开设减轻灾害风险的教育培训等指标
2	弹性能力指数	纽约州立大学布法罗分校	翻译为 resilience capacity index，RCI。从三大维度开发弹性能力指数：区域经济属性——包括收入公平程度、经济多元化程度、区域生活成本可负担程度、企业经营环境情况；社会、人口属性——居民受教育程度、有工作能力者比例、脱贫程度、健康保险普及率；社区联通性——公民社会发育程度、大都会区稳定性、住房拥有率、居民投票率
3	韧性城市全球化标准指标	多伦多大学	韧性指数包括区域经济能力、社会人口统计能力、社区联系能力。区域经济能力涉及收入公平、经济多样化、区域承载力、商业环境。社会人口统计能力涉及教育成就、无学习障碍、摆脱贫困、医疗福利。社区联系能力涉及市政基础工程、大都市稳定性、住宅拥有率、选民参与率
4	基于设计的韧性城市指标体系	由英国工程与自然研究理事会资助，有伯明翰大学、埃克塞特大学、兰卡斯特大学、伯明翰城市大学、考文垂大学	基于技术标准设计了气候变化弹性指数，包括水系统的供应能力、污水和固废服务的覆盖率、水涝发生概率、基层组织在税收征缴和解决客户投诉方面的能力、上游流域森林砍伐面积大小、家庭自来水分配和公共参与规划决策的机制
5	应对气候变化的韧性指标体系	亚洲10个城市，主要来自印度、印度尼西亚、泰国、越南	于2012年发起了先锋型应对气候变化弹性指标，应用该指标帮助当地政府及非政府组织设计和实施对策来应对未来的气候变化给城市带来的巨大影响

（三）增强城市韧性的原则

（1）促进城市多元化发展，增强广大市民的获得感。可以利用城市的资源或发展优势，促进并保持城市的经济、社会、土地使用及生物系统的多元化。例如，黑龙江有丰富的冰雪资源，可以发展集影视、金融、游戏于一体的冰雪世界产业，助力城市的旅游产业发展，通过传统产业与现代服务业结合，融合传统与现代元素，解决了城市的就业问题，也激发了城市的活力。又如，陕西省发展优势产业，通过多元化发展，带动传统行业利用现代科技实现转型升级，西安以"为城市赋能，与西安共融"的理念，围绕历史文化、现代化产业、高新技术等的深度融合，实现了城市多元化的产业结构的形成，增强了城市的创新性与活力。坚持城市的多元化发展，使城市朝着服务型、智慧型方向发展，从而提高城市的韧性。

（2）鼓励模块化经济。为减少不确定的危机带来的不良影响，促进城市经济健康、有序发展，可以将城市经济分为若干小的模块，各模块之间是相互独立的，一个模块受到影响，不会影响其他模块的发展，减少了不确定性因素对整体经济的影响。模块化经济发展强调的是在复杂的系统或者过程中，通过模块的分解与整合提高各模块的独立性、创新性及互补性，实现个性化生产。发展模块化经济的重要手段是通过创新实现经济增长，当然创新也会带来技术风险和市场风险。

（3）社会资本。社会资本是指个体或团体之间的关联，即社会网络、互惠性规范和由此产生的信任，是人们在社会结构中所处的位置给人们带来的资源。依据社会资本的性质，社会资本分为同质性社会资本和异质性社会资本。对于增强城市韧性来说，要促进社会诚信，发展社会网络，提高城市基层应变能力及活力，等等。

（4）鼓励创新。增强城市韧性离不开创新，包括创新理念、创新手段等。创新要符合城市发展需要，利用城市的资源优势，利于城市发展，创新城市经济发展模式，提升经济增长速度。

（5）允许复合性。城市建设可以有多种可能，允许经济活动的复合性，目的是不会因为某个部门衰退而影响整个城市建设及经济发展。

（6）建立信息反馈机制。建立良好的信息交流网络，使系统内部有良好的信息流通，能及时自我调节，尽早纠正错误。

（7）提供生态系统服务，完善地方生态系统的管理及评价体系。

（四）增强城市韧性的策略

要增强城市韧性，需要建立城市韧性治理体系，包括推动城市自然环境、基础设施、社区、经济、管理体制等的发展，补齐治理短板，可以采取以下措施（图 4-9）。

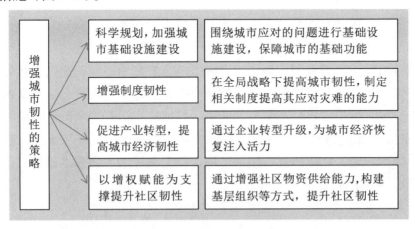

图 4-9　增强城市韧性的策略

1.科学规划，加强城市基础设施建设

城市韧性的物质基础是城市的基础设施。需要前期进行全面的城市规划，制定城市韧性目标，围绕城市应对的问题进行基础设施建设，包括城市生命线系统、防灾减灾系统、生态保护系统以及民生保障系统的基础设施建设，确保城市在应急状态下能迅速恢复经济，维持城市的功能。在城市基础设施建设过程中，需要进行备用模块的构建，当部分关键性功能设施受到破坏时，备用模块可以迅速启用，确保整个系统的功能完善。要重视基础设施的技术性，根据基础设施的功能定位，对其进行分级分类，制定建设和运用标准，并将这些标准纳入法律法规体系中，从而对基础设施建设和使用进行监管。促进基础设施的智能化，应该在基础设施建设过程中，运用互联网、大数据、云平台、人工智能等技术，经过持续监测、数据融合、巨灾预警、实时决策、安全规划等构建全方位的基础设施韧性系统。

2.增强制度韧性

城市韧性的提升需要增强制度韧性，以应对新时代城市发展的各种风险。要发挥集中力量办大事的制度优势，面对全国性的大灾害，需要树立大局意识，需要在全局战略下提高区域性的城市韧性。对于小范围的城市灾害，需要快速整合各种资源，迅速应对灾害，构建政府主导、多元参与的责任体系，实现统一指挥、统一协调、综合调度。在实施常态化的应急管理的同时，还要实施非常态化的应急管理，在"一案三制"（"一案"是指制订修订应急预案。"三制"是指建立健全应急的体制、机制和法制）的基础上，实现灾害处理向前端的转化。将附着在科层制结构上的常态化应急管理与打破部门藩篱、强调权变思维的非常态化应急管理相结合，有针对性地设计科学严谨的操作程序，并根据灾情特征及发展阶段做到精准识别、灵活应对；优化城市精细化治理机制，加快建设城市综合管理中心和街道网格化管理中心等信息平台，把分散式信息系统整合起来，通过应用场景分析数据的采集与更新，提高精确捕捉城市信息的能力，打造城市运行与风险防控的"活地图"，推动城市治理的重心和配套资源向街道社区下沉，在衣食住行、教育就业、医疗养老、文化体育、生活环境、社会秩序等方面强本固基，以精细化治理增强城市韧性。

3. 以产业转型升级为抓手提升经济韧性

良好的经济韧性是城市对冲灾害影响，防止经济运行滑出合理区间的重要保障，也是城市在经历灾害之后复苏并迈向更高发展水平的关键。提升城市经济韧性不仅体现为做大经济体量以拓展回旋空间，也体现为通过产业转型升级与供应链稳定来释放经济发展新动能。一方面，推动产业向数字化、智能化转型，在充分考虑资源禀赋和环境承载力的基础上，凭借政策引导和市场调节的双向发力，重点发展数字经济、平台经济、工业互联网、智能制造等既对各类灾害冲击耐受度高又代表未来经济发展趋势的战略性新兴产业。以新冠肺炎疫情为例，智慧医疗、远程办公、VR/AR 场景体验、在线教育等新兴业态不但未受影响，而且在迎来发展机遇的同时为疫情防控提供了极大的帮助。另一方面，保障产业链、供应链稳定。灾害冲击往往导致城市产业链和供应链的断裂与脱序，地方政府必须随灾情发展应激启动产业链复工复产，坚持以大带小、上下联动、内外贸协同，聚焦重点产业链，以龙头企业带动上下游配套中小企业，特别是"专精特新"中小企业，增强协同复工复产动能。同时，综合采取加大财政支持和信贷支持、给予流动资金贷款贴息、降低社保费用与房租成本、优化政务服务等措施打通堵点、解决难点、补上断点，为城市经济恢复注入活力。

4. 以增权赋能为支撑提升社区韧性

社区作为城市的基础治理单元，能够吸收与化解风险扰动，历经改变和重组仍能保持原有结构功能的韧性，是整个城市韧性的微观缩影。提升社区抗逆力，弥补脆弱性，必须以增权赋能为支撑。增强社区物资供给能力，根据灾害预防要求查漏补缺，建设社区紧急避难点、应急管理中心、防灾设施等，要在政府指导下按照规定标准和数量储备防汛、防疫、防震必需的应急物资，同时要畅通资源通道，厘清救援流程，确保不同来源的抢险救灾物资在灾情爆发后能第一时间毫无阻滞地进入社区；培育社区组织协调能力，以社区网格化管理为载体做好日常风险源的监测，同时构建融基层党组织、政府、社区组织、专家团队、居民等多元主体在内的风险联动处置机制，通过统一指挥、有序协调、信息共享、预案演练，常态化维系并提升社区组织协同能力；优化社区心理建设能力，灾前预防要"凝心"，加强对社区居民关于防灾减灾知识与技能的培训，同时开展价值引领以创造自助、互助、公助的社会风尚和有序参与的伦理认同，灾时应急要"定心"，社区管理者应通过组织居民内部的交流互动，激发社区动员和集体行动，塑造社区居民应对灾情冲击的心理抵抗力与稳定力，灾后重建要"贴心"，引入专业团队的针对性心理疏导帮助社区居民治愈心理创伤，克服应激障碍，重新恢复生活信心。

二、乡村振兴

（一）乡村振兴提出的背景及意义

乡村振兴战略是在党的十九大报告中提出的，与科教兴国战略、人才强国战略、创新驱动发展战略、区域协调发展战略、可持续发展战略、军民融合发展战略并列为党和国家未来发展的"七大战略"。乡村振兴上升到国家战略层面，足见其重要性。乡村振兴作为国家战略，关系到国家的全局发展。当前，在乡村发展过程中出现了很多问题，如城乡差距变大、乡村发展不平衡、乡村发展不充分等，影响了我国整体的发展，也对实现城乡统筹及城乡一体化造成了一定的影响，所以需要解决乡村现阶段的问题，抓住乡村发展的亮点与资源，促进乡村的发展。

1. 乡村振兴提出的背景

（1）乡村的衰落。随着改革开放的深入，大批年轻人涌入城市生活，加速了城镇化的进程，但也带来了乡村的衰落，主要表现为农村的青壮年人口涌入城市，在家种地的人数越来越少，大多数年轻人在城市奋斗几年后就在城市安家落户，造成农村人口急剧下降，出现了空巢村、老人村、留守儿童村等。

（2）城乡发展不平衡。当前，我国乡村经济发展缓慢，城乡二元结构尚未完全破除，城乡发展的差距依然较大。当前，乡村人口流失仍然较为严重，农产品供需、农业供给质量、农村的基础设施等都是薄弱环节。要解决上述问题，需要加强农村的基础设施建设，实施乡村振兴战略，把农村的经济及各项事业搞上去，实现共同富裕的目标。

（3）促进社会和谐、实现城乡统筹发展的需要。我国农村农业的发展经过改革开放四十多年的努力，取得了突破性的成就，主要表现为粮食产量有了大幅度提升，农业的供给侧结构不断优化，农民收入持续增加，农村的各项基础设施不断完善。另外，农村的生态文明建设也在不断发展，农民的幸福感增强，农村社会稳定，不断更新农业技术，提高农业产量。这些都为促进社会和谐、实现城乡统筹发展奠定了基础。新时期，需要加快乡村振兴，提高乡村发展质量。

2.乡村振兴的意义

乡村是我国经济、文化不可或缺的一部分，乡村振兴具有非常重要的意义和作用（图4-10）。

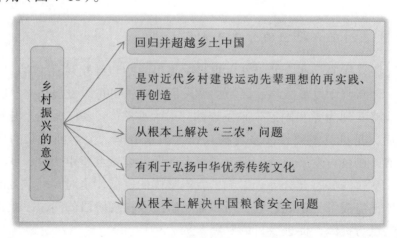

图4-10　乡村振兴的意义

（1）回归并超越乡土中国。实施乡村振兴战略的本质是回归并超越乡土中国，中国本质上是一个乡土性的农业国，农业国的文化根基就在于乡土，而村落是乡土文化的重要载体。振兴乡村的本质便是回归乡土中国，同时在现代化和全球化背景下超越乡土中国。

（2）对近代乡村建设运动先辈理想的再实践、再创造。晏阳初、梁漱溟、卢作孚等提出的发展乡村教育以开民智，发展实业以振兴乡村经济，弘扬传统文化以建立乡村治理体系等思想无疑是十分有益的尝试，对于我们今天实施乡村振兴战略仍然有启示作用。

（3）从根本上解决"三农"问题。实施乡村振兴战略，是要从根本上解决目前我国农业不发达、农村不兴旺、农民不富裕的"三农"问题。通过牢固树立创新、协调、绿色、开放、共享五大发展理念，达到生产、生活、生态的"三生"协调，促进农业、加工业、现代服务业的"三业"融合发展，真正实现农业发展、农村变样、农民受惠，最终建成"望得见山、看得见水、记得住乡愁"、留得住人的美丽乡村、美丽中国。

（4）有利于弘扬中华优秀传统文化。中国文化本质上是乡土文化，中华文化的根脉在乡村。我们常说的乡土、乡景、乡情、乡音、乡邻、乡德等构成中国乡土文化，也是中华优秀传统文化的基本内核。实施乡村振兴战略，也是重构中国乡土文化的重大举措，是弘扬中华优秀传统文化的重大战略。

（5）从根本上解决中国粮食安全问题。中国是个人口大国，民以食为天，粮食安全历来是国家安全的根本。把中国人的饭碗牢牢端在自己手中，就是要让粮食生产这一农业生产的核心成为重中之重，乡村振兴战略就是要使农业大发展、粮食大丰收。要强化科技农业、生态农业、智慧农业，确保18亿亩耕地红线不被突破，从根本上解决中国粮食安全问题，而不会受国际粮食市场的左右和支配，从而把中国人的饭碗牢牢端在自己手中。

（二）实施乡村振兴战略需要注意的问题

要建设社会主义新农村，需要实施乡村振兴战略。建设社会主义新农村是在党的十六届五中全会上提出的，强调"生产发展、生活宽裕、乡风文明、村容整洁、管理民主"。党的十九大提出了实施振兴乡村战略，要坚持农业农村优先发展，按照产业兴旺、生态宜居、乡风文明、治理有效、生活富裕的总要求，建立健全城乡融合发展体制机制和政策体系，加快推进农业农村现代化。

要实施乡村振兴战略,需要注意两大问题。

一是乡村振兴是在城乡融合发展的基础上进行的,需要使城乡要素自由流动,促进社会公共资源的优化配置,健全城乡融合发展的体制机制及政策体系,实现城乡的优势、资源互补,形成新型的城乡关系,促进两者共同发展。首先,实现乡村振兴需要解决钱的问题,国家要健全投入保障制度,优化投资、融资机制,加快形成财政优先保障、金融重点倾斜、社会积极参与的多元投入格局,鼓励社会各界对城乡建设投资,促进乡村各项优势资源的开发与利用。其次,解决地的问题,要进一步完善农村的土地制度改革,建立健全土地要素城乡平等交换机制,加快释放农村土地制度改革红利,优化农村土地的使用。最后,要解决人的问题,人是实现乡村振兴的主要力量,与人相关的知识、技术、管理、创新人才培养等机制都需要进一步发展与完善,打造新型的职业农民,促进农村专业人才队伍建设,使其为打造美丽乡村贡献力量。

二是要处理好乡村振兴与新型城镇化之间的关系。乡村振兴与新型城镇化是相互促进的关系。乡村的大量人口外流的现状在短时间内不可能发生逆转,随着政策的倾斜与乡村资源的开发与利用,未来乡村振兴将大有可为。所以,在促进乡村振兴的同时,加快新型城镇化建设,将二者进行关联,充分利用二者的优势,促进资源优化配置。在人才方面,坚持走出去、留下来、引回来相结合,优化用人机制,使人才在良好的环境下更好地发挥自身的能力和优势。农村要积极创造良好的条件留住人才,优化农村环境,发展农村经济,创造更多的机会留住人,在留住人的基础上去吸引人,促进农村的人才培养,为乡村振兴提供更多的人才。

(三)增强乡村振兴的措施

"两军对垒,粮草先行",实现乡村振兴首先需要解决资金的问题,如果缺乏建设资金,就无法保障乡村振兴的基础设施。因此,国家或地域需要采取一定措施,保证乡村振兴战略的顺利实施。

其一,国家要健全投入保障制度,优化投资、融资的机制,加快形成财政优先保障金融、优先发展乡村的策略,吸引社会各界对城乡建设的投资,深化乡村各项优势资源的开发与利用,促进经济的转化。

其二,完善农村的土地制度改革,建立健全土地要素城乡平等交换机制，加快释放农村土地制度改革红利，优化农村土地的使用。

其三，建立相关的人才培养机制。人是实现乡村振兴的主要力量，是建设乡村的主体，因此与人才培养相关的知识、技术、管理等机制都需要进一步发展与完善，不断输出新型的职业农民，促进农村专业人才队伍的构建，投身到乡村建设当中，为打造美丽乡村贡献力量。

国家提出振兴乡村的发展战略，具有历史性、理论性与实践性，从历史角度看，乡村振兴在总结历史经验教训的基础上，在城乡一体化发展的前提下，提出的乡村发展蓝图，具有重要的意义。

从理论角度看，乡村振兴是进一步深化改革开放理论的延伸，进一步优化了市场经济体制，促进农村经济的发展，系统解决市场失灵问题。

从实践角度看，乡村振兴具有很强的现实性，从农村的现实发展状况出发，不断加快农村基础设施、农村专业人才、农业发展等方面的建设，将农村作为发展重点，将农民的幸福作为核心进行发展，促进农业的现代化发展，为建设社会主义新农村服务。

（四）乡村振兴需要实现城乡区域协调发展

城乡融合发展是实现乡村振兴的必然途径。首先，乡村振兴需要借鉴城市发展经验，将乡村的发展与城市的发展相结合，通过挖掘乡村的独特资源发展优势特色产业。其次，鼓励城市投资乡村的产业，如轻工业、农业、旅游业等，实现资本推动农产品向着规模化、产业化、品牌化的方向发展。城市助力农村，同时农村助力城市，为城市带去放心的农产品，城市、农村共赢，促进乡村经济的发展。最后，优化产业结构，发展现代旅游业，利用乡村天然的风光与淳朴的民风，打造旅游胜地，吸引游客旅游，同时吸引开发商投资乡村旅游，实现乡村振兴。

第五章 生态文明建设与区域经济可持续发展

第一节　生态文明建设促进区域经济协调发展的内在机理

一、生态文明建设的七大要素

在进行生态文明建设时，需要对以下七大要素进行重点建设，通过这七大要素的相互配合和融合，最终使得生态文明建设更加完善（图5-1）。

★生态文化　　★生态产业

★生态消费　　★生态环境　　★生态资源

★生态科技　　★生态制度

图5-1　生态文明建设的七大要素

（一）精神支柱——生态文化

生态文化在生态文明建设过程中起指导作用。生态文明建设需要促进人们的思维方式及价值观念的转变，需要人与自然、人与社会和谐发展。生态文明建设要求在世界观上树立有机论，摒弃机械论；在价值观上转变以人类为中心的观念，实现人与自然的和谐共生；在发展观上，强调坚持可持续发展理念，树立质量优于数量的理念，实现经济增长与环境、资源、人口的协调。生态文化存在于社会的方方面面，如政治、经济、社会、资源、人口、环境等，在人群中形成潜移默化的力量，能够促进经济生态化发展。

（二）物质基础——生态产业

生态产业注重经济与环境、资源的和谐发展，使各项工作的效益有了明显的提升。生态产业以人与自然和谐相处为前提，致力于发展低投入、低能耗、低排放、高产出的现代工业化的生产方式，发展绿色、循环、低碳经济。在经济发展过程中，应增加生态产业的比重，逐渐在经济结构中构建生态产业的主导地位，使生态产业成为发展经济的重要力量。

（三）必要条件——生态消费

消费模式是人们的消费行为的体现，反映人们的消费水平、消费喜好、消费结构、消费方式、消费倾向等。生态消费模式体现的是以保护自然生态环境为前提，满足人们的基本需求的一种可持续的消费模式。生态消费模式的形成需要人们遵循适度消费的原则，从保护环境、节约资源的角度出发，进行合理消费。

（四）重要目标——生态环境

生态环境的好坏直接关系到生活环境的好坏，直接影响到人们的身心健康与生活质量。良好的生态环境能够促进人们的生产顺利进行，实现人与自然、人与社会以及人与人之间的和谐相处。第三届世界生态高峰会议指出："人类健康的未来取决于我们赖以生存的空气、水体、土壤质量以及动植物和微生物等之间的微妙的平衡关系。"生态环境为人与自然和谐相处提供了物质基础，人们应保护生态环境，提高环境质量。

（五）内在要求——生态资源

经济发展的前提是环境与资源，人类社会发展需要以环境和资源为基础。要建设生态文明，需要在保护自然环境的基础上，节约自然资源，提高资源的利用率，循环利用废弃资源，开发新能源，实现人与自然和谐共处。

（六）驱动力量——生态科技

生态科技将生态与科技相联系，将生态学的观点与现代科技结合起来，发展科技与环境、资源之间的友好关系，将生态学的理念渗透科技创新的方方面面，实现科技创新与环境保护相结合。生态科技的发展促进了人与自然、人与社会、人与人之间的和谐相处，加速了生态文明建设。

（七）根本保障——生态制度

生态文明建设需要生态制度。一方面，生态文明建设需要在制度上进行创新，着眼于人类的长期发展，实现经济与社会、资源、环境的可持续发展；另一方面，鼓励社会各界参与生态文明建设，完善生态制度，发展生态文明，促进经济可持续发展。

二、经济系统与生态系统

（一）经济系统与生态系统的简单关系

经济系统与生态系统的简单关系是经济系统从生态系统获取自然资源，通过经济系统中的生产者与消费者的中介，最终向生态系统排放废弃物。经济系统由生产者、消费者两大微观经济主体构成，有商品市场、要素市场两大市场。生产者向商品市场提供所生产的产品，消费者通过购买获得商品；消费者向要素市场提供基本要素，生产者从要素市场获取要素进行生产。经济系统从生态系统中获取资源，并且在消费完成后将废弃物排放到生态系统中，这样会导致生态系统的资源越来越少，环境越来越差。所以，要处理好经济系统与生态系统的关系，在经济发展中寻求生态平衡。在经济系统中，要协调生产者与消费者两大要素。首先，生产者要构建生态化的生产链条，实现生态化的生产模式；其次，消费者要树立节约的消费观念，实现消费的绿色化，以产生尽可能少的生活垃圾，平衡消费与生态环境的关系。

（二）经济系统与生态系统的复合关系

经济系统与生态系统之间还有一种复合关系，包括纵向与横向两个维度。

纵向维度指的是生态系统与经济系统之间的关系，以生态文明的理念去协调经济与生态之间的关系，不仅包括国家层面的，也包括区域层面的。

横向维度指的是区域与区域之间的关系，即利用生态文明建设的成果来统筹区域协调发展，重点是区域横向协调发展。

经济系统与生态系统的复合关系包括多层次的关系，主要表现为一个大区域由若干中区域组成，一个中区域由许多小区域组成，所以可以延展到较小的范围进行生态系统构建。区域经济子系统需要在区域生态系统与区域经济系统下发展，求得环境、资源、经济的协调发展。

三、生态文明建设与区域经济发展

经济系统与生态系统联系紧密，相互影响，相互作用。区域经济的可持续发展需要建立在生态系统资源的承受能力、生态环境的容量上。下面从生态文明建设的要素角度分析生态文明建设与区域经济发展的相互影响机制。

（一）产业要素角度

从生态文明建设的产业要素角度看，生态文明与区域经济发展之间的关系十分密切，如果缺失正确的生态文明观，会导致一系列后果，如黑色产业、褐色产业的出现等，最终使得区域经济发展不协调（图5-2）。

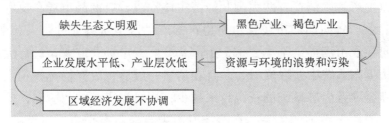

图5-2　缺失生态文明观和区域经济关系

如果可以确立生态文明观，则会出现大量的绿色产业，使得资源与环境问题得到改善，最终实现区域经济协调发展，其过程如下（图5-3）。

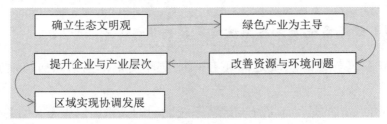

图5-3　缺失生态文明观和区域经济关系

如果可以树立生态文明观，则可以促进产业升级，使得企业与产业进一步优化，最终实现区域经济协调可持续发展，其过程如下（图5-4）。

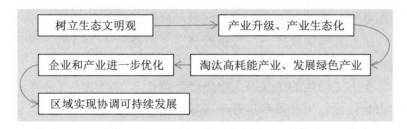

图 5-4　树立生态文明观和区域经济关系

（二）消费要素角度

从生态文明建设的产业要素角度看，消费必然带来消耗，消费呈现出不断增长的趋势，而资源是有限的，这一经济发展问题凸显，所以稀缺性的问题一直是经济学存在的问题。从消费角度来看，经济问题就是产生于消费过程中的需求性与有限性之间的矛盾。

马斯洛的需求层次理论将人类的需求从低到高分为五个需求层次，每个层次都有各种各样的需求，且需求需要被满足，所以在资源有限的前提下，需求与有限资源存在着不可调和的矛盾。

从消费角度看，生态文明与区域经济发展的关系如下：

第一，生态文明观的缺失→浪费型、奢侈型、一次性消费→需求大量产品→资源的短缺、环境污染加剧→区域经济发展不协调。

第二，生态文明观的建立→节约型、环境友好型消费主导→引导差异化生产→缓解资源消耗与减少环境污染→区域经济发展有所改善。

第三，建立正确的生态文明观→绿色消费观→消费方式的转变→绿色生产→区域经济协调发展。

（三）资源要素角度

关于资源与经济的关系，一般有两种观点：一是自然资源正向影响经济增长，自然资源是经济增长的前提条件，为经济增长提供物质保障，自然资源影响产业的布局与发展，要实现资源的充分利用，需要不断进行技术创新，资源是否充足直接影响着社会的劳动生产率；二是自然资源负向影响经济发展。中国的经济发展受环境与资源影响较大，要解决经济发展与资源有限的问题，需要进行产业转型升级及资源节约型技术研发。

从资源要素角度看，生态文明与区域经济发展的关系如下：

第一，生态文明的缺失→"牧童经济"① 的盛行→无节制开发资源→线性经济的产生→加剧资源短缺→区域经济发展不稳定。

第二，生态文明观的建立→太空舱经济理论② 的产生→循环经济发展→产业结构得到优化、生产效率提升→区域经济协调发展。

第三，树立正确的生态文明观→资源节约型的发展模式形成→线性经济向着循环经济发展→资源节约型的产业结构优化→区域经济协调可持续发展。

（四）环境要素角度

环境经济学是以外部环境对经济学的影响为主要理论产生的分支学科。环境是经济运行的物质基础。而环境保护是生态文明建设的重要目标。要实现生态文明，必须从保护环境入手，生态环境的优化能够促进生产环境、生活环境的优化，促进人与自然、人与社会、人与人之间的和谐共处。

从环境要素角度看，生态文明与区域经济发展的关系十分密切，如果缺失生态文明观，则会对环境造成不利影响，进而影响区域经济发展，其关系如下（图 5-5）。

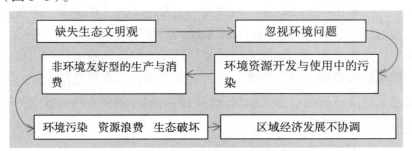

图 5-5　缺失生态文明观和区域经济关系

---

① 　西方经济学者在研究环境经济问题时提出的一个名词，由著名的经济学家 K.E·博尔丁提出，通过对牧童在草原上放牧时对牧草的漫不经心和随心所欲的借喻，意指传统经济模式轻视自然及资源，无计划、无节制地任意开发，导致资源浪费和环境破坏。

② 　又叫宇宙飞船经济理论。1960 年代美国学者鲍丁提出宇宙飞船经济理论，指出我们的地球只是茫茫太空中一般小小的宇宙飞船，人口和经济的无序增长迟早会使船内有限的资源耗尽，生产和消费过程中排出的废料将使飞船污染，毒害船内的乘客，此时飞船会坠落，社会随之崩溃。

如果可以建立生态文明观，则可以减少资源的浪费，保护生态环境，进而促进区域经济的良好发展，其关系如下（图5-6）。

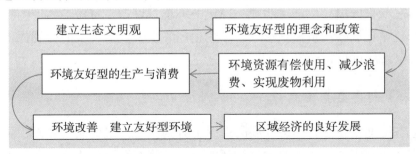

图5-6　建立生态文明观和区域经济关系

如果可以积极贯彻生态文明观，则可以优化环境政策，倡导绿色生产和消费观念，进而实现区域经济协调可持续发展，其关系如下（图5-7）。

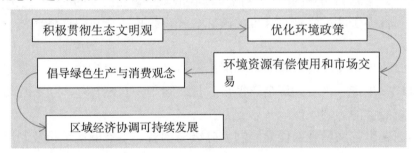

图5-7　积极贯彻生态文明观和区域经济关系

（五）科技要素角度

过去的科技创新建立在利益最大化的基础上，强调知识、技术的创新，强调科技创新带来的可观的经济效益。生态科技创新追求自然生态良好、有序运行，充分考虑了经济发展的长期性与战略性，将经济发展与环境、资源联系在一起，将经济发展放在一个有机的系统中考察，使经济增长处于良性运行模式下，实现区域经济的协调可持续发展。

从科技要素角度看，生态文明与区域经济发展的关系如下：

第一，生态文明观的缺失→单向经济增长的科技创新观→非绿色的科技创新成果→生产与消费的绿色观念的缺失→资源配置不平衡→区域经济发展不稳定。

第二，生态文明观的建立→全面的科技观→绿色的科技成果→环境友好型的科技创新→资源配置的进一步优化→区域经济发展良好。

第三，积极倡导生态文明观→现代的环境友好型、资源节约型的科技创新→绿色循环低碳经济模式形成→绿色生产、消费观念→资源得到优化配置→区域经济协调可持续发展。

（六）制度要素角度

生态制度创新是将生态发展的观念上升到生态发展的制度层面，要求组成生态经济制度中的各个要素进行新的组合，将组合进行优化，实现更加理想的生态环境建设。

从制度要素角度看，生态文明与区域经济发展的关系如下：

第一，生态文明观的缺失→制度的不完善→绿色技术的缺失→生产、消费的盲目性→资源的短缺、环境的破坏、经济结构不合理→区域经济发展不协调。

第二，生态文明观的建立→制度上有所创新→绿色理念、绿色技术的大范围推广→生产、消费的绿色、循环、低碳运行→自然环境、生态环境的优化→区域经济的协调发展。

第三，生态文明观的倡导→制度升级与创新→生态制度结构及制度体系的建立→技术结构的升级、初级技术绿色化→资源节约型、环境友好型→区域经济协调可持续发展。

以上从生态文明建设的六大要素角度分析生态文明与区域经济发展的关系，各要素之间的协调促进区域经济发展。目前，各区域的发展现状不同。根据区域发展的现状充分发展各要素，促进要素之间的关联，从而促进区域经济协调可持续发展。

第二节　产业生态化促进区域经济可持续发展

一、产业生态化

产业生态化是由"产业生态"进一步衍化出的动词，著名的学者罗伯特·福罗什（Robert Frosch）及尼古拉斯·加洛布劳斯（Necolas Gallopoulos）

于 1989 年提出了"产业代谢"的概念：模拟生物、自然生态系统代谢功能的一种系统分析方法。这是"产业生态"理论的雏形。之后产业生态理论得到众多学者的青睐，其研究成果丰硕，不断渗透到各行各业中。20 世纪 90 年代，生态产业园建立，成为世界产业园区发展的主题，目前许多生态产业园都在兴建。

何为产业生态化？产业生态化就是遵循自然生态有机循环机理，以自然系统承载能力为准绳，对区域内产业系统、自然系统和社会系统进行统筹优化，通过改进生产方式、优化产业结构、转变消费方式等途径，加快推动绿色低碳发展，持续改善环境质量，提升生态系统质量和稳定性，全面提高资源利用效率，促进人与自然和谐共生。

产业生态化有四层含义：

其一，产业生态化是与工业化相对的概念，是一种超越工业化的新型的产业模式，其主要目的是实现产业发展的可持续，倡导新的经济规范与行为标准，促进人与自然、环境的协调发展。

其二，产业生态化的核心是产业系统的生态化，促进系统内整体的生态结构的改善。产业生态系统需要在自然生态系统的基础上构建，将一个产业、一个行业或整个企业看作一个有机体，运用生态系统中物种共生、物质循环再生的原理，利用现代科技和系统工程的方法，通过一系列工艺链与生态链的打造，采用系统工程的最优化方法，设计出多层次的可以多角度利用物质的生产工艺系统，促进物质的多维度转化，使产业在生态范围内得到有序发展。

其三，产业生态化的最终目的是协调产业与环境之间的关系，在实现大自然的循环的前提下，将生态系统中的环境与资源要素充分利用起来，促进资源的有效利用，通过不断整合资源，实现资源的优化配置，使资源在现有的条件下充分发挥潜能，减少废物的堆积，促进环境的优化，实现产业与环境的良好互动。

其四，产业生态化追求动态的发展，产业生态化是随着时代的发展、科技的进步而不断发展的，体现了产业生态化的与时俱进。产业生态系统的构建需要放在一个动态的范围内进行考察，促进产业发展由低级到高级的转变。

我国在生态文明建设的同时，也大力发展产业生态化。"十四五"时期，我国生态文明建设要坚持以绿色发展理念为引领，拓展生态产品价值实现通道，走产业生态化、生态产业化协同的绿色发展之路，建立健全生态经济体系，促进经济高质量发展，建设人与自然和谐共生的现代化。

二、产业生态化与区域经济发展

（一）企业生态化与区域经济发展

企业是组成产业的主要元素，企业的发展也客观反映了产业生态化发展的程度。企业承担着生产商品的任务，需要利用原材料、能源，是资源消耗、环境污染的直接实施者。企业的生产理念是否先进，使用的技术是否先进，直接影响着企业利益与环境。传统的生产方式直接导致了资源的浪费、环境的污染。所以，企业应向生态化转变，包括发展理念、方式、科技方面的转变，在追求利益的同时，还要注意节约资源、保护环境，在减少污染、高效利用资源的前提下提升生产效率，实现环境、资源与区域经济发展的协调。

1. 企业生态化

企业生态化指的是"运用生态经济学原理，以减量化、再利用、再循环为基本原则，以资源利用效率最大化和废弃物排放最小化为目标，以综合运用现代科技改造企业内部生产过程和与外部系统的协作为手段，以实现经济、环境可持续发展的企业向生态化企业发展的过程"[①]。企业生态化主要包括经营理念、经营效益、产品设计、产品生产、产品销售几个方面的内容（图 5-8）。

图 5-8　企业生态化内容

---

① 徐建中，王莉静，陈大龙. 企业生态化系统与发展模式 [M]. 哈尔滨：哈尔滨工程大学出版社，2012：21.

（1）企业经营理念生态化。这是企业实现生态化的起点，企业的发展方向与发展重点一般是由企业的管理层确定的，经营理念直接决定着企业朝着哪个方向发展，经营者应该树立生态化的经营理念，构建环境友好型、资源节约型的企业。追求利益的最大化是企业发展的终极目标，但企业应在保护环境的基础上发展。企业经营者要注意协调企业与自然环境的关系，以实现企业的可持续发展为基本思路，在保护企业赖以生存的生态环境的基础上发展企业。

（2）经营效益生态化。传统的企业发展理论认为，企业的经营效益是使股东得到更多的利润。而生态经济时代，企业的第一目标是自身的生存与发展，在保护企业赖以生存与发展的自然环境的基础上实现可持续发展。企业创造的经济效益要放在较广的范围内进行考量，如果脱离生态价值观，不仅对自然环境造成破坏，使得资源浪费，长此下去也会影响经济效益。有的企业虽然取得了较好的经济效益，但对环境、资源造成了较大的不良影响，所以需要注重生态化发展。

（3）产品设计生态化。生态化的产品设计首先考虑的是产品使用低耗材、低污染的材料，使用户获得使用产品的"绿色体验"，对产品消费之后的分解、排放等要制订回收计划，减少对生态环境的破坏。另外，产品外包装传达的绿色、环保、循环理念也是产品设计的一大亮点，有利于消费者养成绿色消费习惯，使消费者树立节约资源、保护环境的消费理念，构建良好的生态化生产、消费流程。

（4）产品生产生态化。生态化的产品生产过程涉及构建绿色的生产环境，采用绿色原材料，采用高科技、低能耗设备，对废弃物合理处置，等等。

（5）产品销售生态化。产品销售生态化指的是绿色营销方式的建立，是一种能辨识、预期的符合消费者、社会需求且可能带来利润及永续经济的管理过程。产品销售生态化要求尽量减少产品包装物，以减少不必要的包装物的浪费。随着人们环保意识的逐渐增强，人们对绿色产品的需求量越来越大，人们在购买产品的时候也会尽量购买绿色环保的产品。企业在产品销售环节可以采用环保纸袋来实现包装纸袋转化为再生纸，实现产品销售生态化。

2.企业生态化对区域经济发展的作用

企业生态化要求企业实现经济效益与生态的协调发展。企业生态化的实现可以促进企业生产经营理念的更新，实现企业生产效率的提升，改善企业的经营模式。区域经济发展的基础是企业，企业生态化有利于促进区域经济发展，其作用主要体现在以下方面（图5-9）。

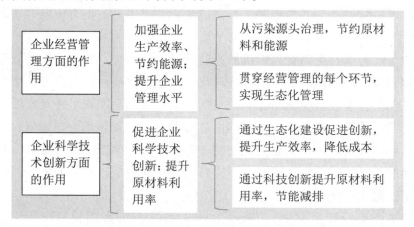

图5-9　企业生态化对区域发展的作用

（1）企业生态化对企业经营管理的影响。企业生态化需要在企业管理过程中，实施清洁生产、绿色生产，实现企业在各个环节的环保，提升企业的生产效率。一般来说，企业生态化对企业的经营管理的影响表现在以下两个方面：其一，企业生态化要求将能源节约与环保的思想贯穿于整个产品生产过程，加强企业环境、资源管理的职能，从污染源头上治理，节约原材料与能源，尽量减少废物的产出，提高资源利用率，从而提升企业的经济效益与生态效益；其二，生态化管理贯穿于企业经营管理的每个环节，在企业的产品前期市场调研、产品设计、产品生产、产品销售、产品消费、产品废物处理等环节实现生态化管理，通过企业对生产经营的生态化把控，实现企业生产管理与环境管理水平的提升。

（2）企业生态化对企业科学技术创新的影响。企业要提高其生产效率，需要进行技术创新。在生态观念指导下，企业的科技创新更有针对性，主要目的是在保护环境的前提下促进企业发展。企业生态化需要依靠科技创新进一步提高原材料的利用率，优化原材料的转化系数，使资源更好地转化为人们需要的产品。企业生态化建设通过技术创新不仅能提高单位产品的生产效率，还能降低成本，节约能源，达到节能、减排、增效的目的，是我国社会主义市场经济需要的经济增长模式，有利于充分发挥区域优势，促进区域经济可持续发展。

（二）产业生态链与区域经济发展

1.产业生态链

产业生态链指的是一个产业或行业的上游、下游通过具体的分工、紧密的合作来实现各种关系协调发展的一种链条式的关系。产业生态链实现了行业或产业的不同角色的联动，可以不断整合社会资源，通过不断互动来实现整个行业或产业的效益的提升。产业生态链的生态网络较为复杂，包括企业的目标客户群、股东、下属企业、控股企业、合作伙伴、技术支持部门、相关的金融部门、服务部门及媒体部门等。在产业生态网络中，各部门都具有重要的作用，通常缺少了任何一个部门，都会破坏产业生态链，所以产业生态链是一个由个体组成的共生的整体，个体在生态网络里各自发挥功效，促进产业朝着期望的方向发展。

2.产业生态链促进区域经济发展

产业生态链是经济领域的生态链，其目的是发展循环经济，实现产业的可持续发展，主要呈现方式有发展绿色 GDP，产业生态链的循环、协调及产业的可持续发展能力，产业改善自然环境的能力，产业提高人民生活水平的能力。产业要实现在生态链中的循环，需要使投入与产出平衡，生产的产品能满足消费者的需求，产量基本上可以根据供求关系来调整。

从产业的横向来看，产业与产业之间可以在产业生态链中实现优势互补，促进产业生态链的发展。从产业的纵向来看，产业内部经过优化，能提高生产效率，建设绿色、循环、高效经济，促进区域经济发展。

（三）产业分工协作与区域经济发展

1.产业分工协作

区域的产业分工指的是国内各区域相互关联的产业体系。一般来说，产业分工经历了三个阶段：第一个阶段主要是部门或产业之间的分工，不同产业的发展有所侧重，经过分工形成专业化生产，该阶段被称为部门专业化阶段，是产业分工的初级阶段；第二个阶段是部门与产业内部的分工，不同区域都在发展同一个部门，但各区域生产的种类是不一样的，产品更加专业化；第三个阶段是产品链的分工，产品的生产环节进一步细分，各个区域根据产业的发展优势进行不同的环节、工序、模块的分工，产业朝着更加专业化的方向发展。产业分工体现了产业布局结构的优化，区域的产业布局更加合理，具有产业生态学的意义。产业分工进一步促进了产业的协作，在最大限度地挖掘产业优势的基础上，进一步促进产业的整合，通过产业分工协作促进区域经济协调发展。

2. 产业分工协作对区域经济协调发展的作用

产业分工协作进一步促进了区域产业的协调发展。对于整个中国来说，产业的分工协调主要表现为东部、中部、西部三大产业的布局合理与稳定。根据各区域的发展现状，西部地区的资源具有优势，可以引进东部的资金与技术来发展资源密集型产业，实现东部技术优势、资金优势与西部资源优势的整合。中部在经济发展中具有承上启下的作用，中部地区比西部地区的产业发展高级，同时中部地区的资源优于东部地区，所以在产业分工协作中具有中转的作用，这样中部可以充分利用东部与西部的优势来发展自身的优势。中部地区的另一个作用是向东部提供市场，缓解东部各产业的激烈竞争，促进东部地区产业结构的优化与升级。

东部、中部、西部的产业分布如表5-1所示。

表5-1 东部、中部、西部产业分布

序号	区域	主导产业	具体行业	特点
1	东部地区	高新产业、战略性新兴产业	计算机技术、生物工程、光学技术、海洋开发、航天航空、核工业技术等	生产规模小、产品规格品种多、消耗资源能源少、产品附加值高、无公害等
2	中部地区	资本密集型、技术密集型产业	食品制造加工、农业畜牧业、机械制造、纺织服装、化工医药、煤炭、木材加工、造纸、煤炭开采洗选、石油天然气	产业结构向着高级阶段转化，高新技术与传统技术相融合
3	西部地区	以资源密集型产业为主导，以现代服务业和先进装备制造业为辅	一种是依据自然资源优势开发，如石油开采、矿产开采、精品绿色农业等。另一种是产业转移引入，现在浙江、广东的纺织、轻工、化工产业等逐步向中西部转移，可以顺势发展	产业不断升级，推进区域产业结构的演进和产业结构的高度化

（四）产业转移生态化与区域经济发展

1. 产业转移生态化

产业转移生态化指的是产业为了避免二次污染与浪费，发生的产业梯度的转移。通过环保产业的大力发展，实现产业的承接与转移。环保产业的产生是为了避免资源浪费，保护环境，维持生态平衡。当前，我国仍然存在产业结构不合理、产业环保水平低、环境服务意识较差等现象，所以要依托现代高新技术的优势，促进绿色循环经济的发展，大力发展污染治理技术，发展环境恢复技术，要加大力度治理污染地区，提高污染物处理能力及废物回收能力。区域经济发展需要产业生态化，需要发展环保产业，发展现代化的环保企业。

2. 产业转移生态化对区域经济协调发展的作用

我国的东部地区产业发展迅速，目前已经逐渐完善，东部对生产要素的需求不断增加，促进了中部、西部的生产要素的流入，包括资源、资本、人力等。随着改革开放的进一步深化，问题也不断显现，东部成为生产要素的接收者，而中部、西部地区的生产要素处于单向输出的状态，输入的生产要素少之又少。而且转移的产业多是高耗能、高污染、效益一般的产业，拉大了区域之间的差距。产业转移生态化注重产业转移过程中的环境保护，增加对技术、资本、人才的转移，增强产业转移的高效化，促进产业间的互补。产业转移生态化实现了生产要素从东部地区转向中部、西部地区，促进各区域生产效率的提升、经济优势的发挥，在发展资源节约型、环境友好型的区域经济中发挥重要的作用。

我国各区域的工业化水平差距较大，东部沿海是工业发展的重点区域，包括长江三角洲、珠江三角洲、环渤海地区，三大区域集中了新兴制造业、工业密集区。中部、西部的工业分布较少、较为分散。工业化发展程度不同直接导致了区域之间的经济差距。要促进区域经济协调发展，应实施产业转移生态化，尤其促进产业欠发达区域的发展，推动中部、西部地区的发展，加快中部、西部的工业化进程，促进中部、西部地区的现代化、智能化建设，依托现代科技，建设工业园区，实现产业转移生态化，建设绿色现代工业基地，促进中西部经济社会发展。

第三节　消费绿色化对区域经济可持续发展的影响

一、消费绿色化的内涵

消费绿色化指的是"以'文明、节约、保护、低碳、可持续'为宗旨和趋势，有益于资源、能源持续利用和生态环境保护的一种消费方式"①。由此定义可以看出消费绿色化包含三个层面的意义：

其一，消费者倾向于消费绿色、环保、污染少、低耗能的产品。

其二，消费过程与消费结果属于环境友好型，不会造成环境污染、资源浪费及生态破坏。

其三，消费者自觉养成良好的消费习惯，避免奢侈过度的消费，在满足基本需求的基础上，保护环境，节约能源，实现可持续发展。

二、大力实施消费绿色化

消费绿色化对保护环境、减少资源浪费具有重要的意义和作用，是一种保护生态环境的消费方式，可以采取以下措施，实施消费绿色化（图 5-10）。

图 5-10　实施消费绿色化措施

---

① 沈满洪，程华，陆根尧，等. 生态文明建设与区域经济协调发展战略研究 [M]. 北京：科学出版社，2012：128.

（一）培养绿色消费意识，构建环境友好型消费模式

要加大对消费绿色化的宣传力度，开展多种形式的宣传活动，对破坏环境的行为要公开批评。宣传绿色经济、循环经济、低碳经济，宣传生态理念及生态意识。在全国建设一批技术先进、管理规范、特征显著、教育示范作用强的示范基地，大力实施消费绿色化。

鼓励公众广泛参与绿色消费，促进公众内在的绿色消费动力的形成。完善信息披露制度，对涉及有害物质、污染环境的企业要实施强制披露制度，有计划地开展公众环境意识调查，了解公众生态意识以及生态需求的现实状况。要发展除了政府之外的社会团体及非政府组织，壮大环境保护的队伍。

（二）完善绿色商标制度，提高消费者甄别绿色产品的能力

要进一步完善绿色产品标准制度，提高消费者甄别绿色产品的能力。绿色标志制度需要进一步受到法律的保护。加快绿色制度与国际环境标准的对接。倡导绿色理念，普及绿色产品，进一步细化绿色产品的分类制度。另外，要增强我国经济的持久竞争力，还需要与国际标志产品相互认证，推广绿色商标制度，激发企业申请绿色商标的热情。要完善绿色商标制度，还要健全绿色标志企业的环境信息公开制度，积极落实《环境信息公开办法（试行）》的规定，公开企业的污染信息，公开的目的是进一步改善对环境污染的治理及技术创新，逐渐转变生产方式，通过绿色制度体系的建立，实现整个社会在绿色理念及绿色生产基础上更好地发展。

（三）完善企业绿色信用体系，增加绿色产品的供给量

国家应该鼓励绿色企业的评比，进一步教育消费者选择绿色产品。要进一步完善绿色、循环、低碳企业的发展标准，并且将其作为各企业年度环境考核指标。绿色企业的评比需要广大企业共同参与，激发企业的参与热情，优化产业绿色发展模式，鼓励企业发展绿色生产，源源不断地提供绿色产品。

要强化企业绿色信用理念，创新绿色金融工具，加强金融工具向绿色生产的倾斜。通过制定与绿色金融相关的风险管理制度，进一步减少绿色发展的风险。绿色信用体系的构建需要加快信息共享平台的建设，加强环境保护

部门、银保监会、银行业金融机构三方面的信息对接，在全社会范围内实现资源共享。

三、消费绿色化对区域经济可持续发展的意义

（一）2020 年我国消费大数据

2020 年我国的消费市场在克服疫情影响的同时呈现出新的特点与亮点：汽车销售上升，不断拉动消费；网上零售呈现出良好的增长态势，销售额增长将近 11%；境外消费明显回流。

消费市场主要分为三大块：社会消费，网上零售，城镇、乡村社会零售。2020 年，社会消费零售总额达 39.2 万亿元，下降 3.9%，下降幅度与上半年相比收窄 7.5%，最终消费占 GDP 比重是 54.3%。国家统计局数据显示，2020 年，全国网上零售额达 11.76 万亿元，比上年增长 10.9%。其中，实物商品网上零售额 97 590 亿元，增长 14.8%，占社会消费品零售总额的比重为 24.9%，比上年提高 4.2 个百分点。城镇、乡村社会零售分别下降 4.0% 和 3.2%，分别较上半年收窄 7.5 个、7.7 个百分点。2020 年消费亮点包括绿色消费逐渐成为风尚，尤其新能源汽车的比例有了较快的提升，越来越多的消费者选择绿色消费，在逛街的时候自带购物袋，选择绿色、低碳产品，外出杜绝浪费，选择消毒过的餐具用餐，等等。目前，线上的电商平台也在改进包装，实施减量包装。绿色消费、环境友好、杜绝浪费是当前消费市场的亮点。

（二）促进消费绿色化，推动区域绿色发展

倡导与推广绿色消费是未来消费的必然趋势，这是贯彻新发展理念的一个表现，也是建设生态文明的必不可少的环节。党的十九大报告指出："实行最严格的生态环境保护制度，形成绿色发展方式和生活方式，坚定走生产发展、生活富裕、生态良好的文明发展道路，建设美丽中国，为人民创造良好生产生活环境，为全球生态安全作出贡献。"生态文明建设离不开绿色发展模式的建立，发展绿色生产与绿色消费是基础，要改变传统的粗放型的发展方式，构建生态文明体系，促进区域经济可持续发展。

第一，消费绿色化要积极配合生态文明体系建设，让消费绿色化成为人

们生活的常态。

生态文明体系建设与国家的发展、人民的生活息息相关，要强化公民的绿色消费与绿色环保理念，推进节约、绿色、健康、低碳、循环的发展模式的形成，在全社会范围内形成良好的风尚。

在传统的观念中，经常将生产与环境的破坏联系在一起，认为生产会带来环境的破坏与污染，会带来资源的消耗与浪费，消费者是环境的承担者，但这一观念存在着片面性，忽视了消费行为对生产的影响。人们应该认识到消费行为直接影响着生产导向，会使资源消耗大、污染范围广，所以要实现公共环境的改善，除了要把控生产环节，消费环节也是重点改进的对象，只有这样，建立生态文明系统才具有全面性。绿色消费崇尚的是在使用各类产品的过程中尽可能减少对环境的破坏，包括购买、物流、使用、废弃的全过程，最大限度地减少对环境的不利影响。尽管人们的日常生活涉及的领域较为广泛，衣、食、住、行等方面产品的消费存在着较大的差异，其消费绿色化的要求也各不相同，但消费绿色化的理念殊途同归，消费绿色化可以预防或减少消费对环境及生态造成的各种不利影响，引导生产朝着更加环保的方向发展，也促使人们产生对环境保护的责任感，加强绿色理念在生活中的实用性与经济性的统一，营造良好的消费环境。

目前，我国的消费观念与消费绿色化理念存在着一定的差距，一些过度消费、不适当消费仍然存在，还存在生产造成资源浪费与环境污染的现象，所以仍然要重视绿色消费观念，以促进生态文明体系的构建。

第二，通过消费绿色化促进区域绿色生产模式的形成。

要构建绿色的发展方式与生活方式，增强经济发展与环境保护的协调性，促进节约资源与环境保护的产业结构、环保模式、生产模式、消费模式等的优化升级，促进区域经济在绿色生产模式下发展。目前，我国面临的环境问题就是生态破坏，这与当前的生产、消费模式具有紧密的联系。需要强调的是，生产的最终目的是消费，消费决定生产什么样的产品。所以，绿色生产与绿色消费紧密联系。供给侧结构性改革促进了我国经济结构的优化，实现资源的优化配置，充分利用资源优势，最终实现经济高质量发展，其目的在于优化区域产业结构，实现区域内生产与消费的良性互动。

消费绿色化是生态文明建设的一部分，也是人们对生活方式的一种追求。当前，社会上已经形成了一股绿色消费的浪潮，需要不断强化与巩固。

市场上的绿色产品品类少、价格高，需要进一步加强绿色生产，增加绿色产品的种类，降低绿色产品的价格，构建绿色生产模式。要从供应源头上减少消耗与污染，进行绿色生产，考虑到生产、消费、废物循环利用等各方面的因素，在各个环节上降低成本。要实现消费后的废弃物再利用，促进其回到生产环节，实现循环再利用。当前，我国的生产再利用产业尚处于初期发展阶段，需要提高废弃物的使用效率，促进低碳、循环经济发展。节约、集约的理念要贯穿在经济发展的各个环节，辐射各个产业，以最少的资源消耗与环境污染来实现最大的经济效益。

第三，增强政策优势，加快消费绿色化的实现。

要实现消费绿色化，需要改进消费者的观念，使消费者树立消费绿色化理念。如今，消费者的绿色消费意识增强，越来越多的消费者在消费时更倾向于选择绿色、环保、经济的商品，将消费与环保联系在一起，为保护环境、节约资源作贡献。消费绿色化具有长期性，需要循序渐进。

要降低绿色消费成本，政府需要在宏观调控上鼓励企业扩大绿色生产的规模，实现政府、企业、消费者三者互动，推进消费绿色化。绿色生产不仅在源头上节约了资源，保护环境，还以产业生态化为基础，延长产品的生命周期，促进产品效能的最大化。在消费端，消费者可以选择绿色产品，延长产品使用周期，实现绿色消费。通过绿色生产、绿色消费实现产业生态化与生态产业化。

"建章立制"是实现生态文明建设、推动绿色发展的前提，要加快构建约束制度，同时建立激励制度，构建生态文明制度体系。政府在这方面首先需要通过完善产品生产环境标准来提高市场准入门槛，发展绿色产品，淘汰高耗能产品，从生产源头上减少浪费，发展环境友好型生产模式。在生产过程中注重技术创新，将新技术引入绿色经济发展中，实现企业长期效益的增长，增强企业的竞争力。目前，消费绿色化的大趋势促进了绿色经济的发展，成为发展绿色经济、促进经济转型的动力。消费绿色化进一步促进了绿色生产，促进企业形成绿色生产方式，促进消费者形成绿色生活方式。以消费绿色化为切入点，培养广大消费者的绿色消费观念，使消费者在生活中自觉承担起保护环境与节约资源的责任，是当前建设优美生态环境的必然要求，促进了经济与生态环境的协调发展。

第四节　建立健全绿色低碳循环发展经济体系

一、《国务院关于加快建立健全绿色低碳循环发展经济体系的指导意见》要点

2021 年，国务院发布了《国务院关于加快建立健全绿色低碳循环发展经济体系的指导意见》（以下简称《指导意见》）。《指导意见》指出："坚定不移贯彻新发展理念，全方位全过程推行绿色规划、绿色设计、绿色投资、绿色建设、绿色生产、绿色流通、绿色生活、绿色消费，使发展建立在高效利用资源、严格保护生态环境、有效控制温室气体排放的基础上，统筹推进高质量发展和高水平保护，建立健全绿色低碳循环发展的经济体系，确保实现碳达峰、碳中和目标，推动我国绿色发展迈上新台阶。"[①] 以坚持重点突破、坚持创新引领、坚持稳中求进、坚持市场导向为工作原则，主要目标是"到 2025 年，产业结构、能源结构、运输结构明显优化，绿色产业比重显著提升，基础设施绿色化水平不断提高，清洁生产水平持续提高，生产生活方式绿色转型成效显著，能源资源配置更加合理、利用效率大幅提高，主要污染物排放总量持续减少，碳排放强度明显降低，生态环境持续改善，市场导向的绿色技术创新体系更加完善，法律法规政策体系更加有效，绿色低碳循环发展的生产体系、流通体系、消费体系初步形成。到 2035 年，绿色发展内生动力显著增强，绿色产业规模迈上新台阶，重点行业、重点产品能源资源利用效率达到国际先进水平，广泛形成绿色生产生活方式，碳排放达峰后稳中有降，生态环境根本好转，美丽中国建设目标基本实现"[②]。

二、构建绿色低碳循环发展经济体系的积极意义

《指导意见》规定了要建设安全绿色低碳循环发展经济体系需要从健全

[①]　国务院.国务院关于加快建立健全绿色低碳循环发展经济体系的指导意见[EB/OL].[2021-02-22].http://www.gov.cn/zhengce/content/2021-02/22/content_5588274.htm.

[②]　国务院.国务院关于加快建立健全绿色低碳循环发展经济体系的指导意见[EB/OL].[2021-02-22].http://www.gov.cn/zhengce/content/2021-02/22/content_5588274.htm.

绿色低碳循环发展的生态体系、健全绿色低碳循环发展的流通体系、健全绿色低碳循环发展的消费体系、加快基础设施绿色升级、构建市场导向的绿色技术创新体系、完善法律法规政策体系、认真抓好组织实施这七个方面入手。《指导意见》促进了现代生态文明体系的构建，进一步加快现代化经济体系的构建，促进经济的高质量发展。《指导意见》有利于落实新发展理念，推动生态文明建设，促进碳达峰、碳中和目标的落实，对建设美丽中国具有积极的意义。

（一）我国要实现经济转型，需要实现绿色低碳循环发展

工业革命促进产业升级、生产效率提升的同时，也带来了生态破坏、环境污染、资源浪费等问题，严重威胁人类的生存环境。虽然一些学者提出了相应的解决措施，如"停止增长""稳态经济""零增长"等，但现实的问题仍旧没有得到解决。要改变这一现状，需要改变经济增长方式，所以"生态经济""绿色经济""低碳经济""包容性增长"等观点产生，积极指导实践，取得了一定的效果。

我国的经济要转型升级，需要建立绿色低碳循环的经济增长模式，这是从我国的国情出发，也是结合当前的国际大背景提出的，具有实用性与广泛性。我国正处在各项事业快速发展的阶段，绿色低碳循环发展是实现可持续发展的必然选择。我国先后提出了新工业化、循环经济、两型社会、低碳发展，到 2017 年提出绿色低碳循环发展，体现了我国对生态文明建设的决心，且在发展绿色经济上一直处在创新与改革的道路上。从国际大背景看，发展低碳经济、循环经济是当今世界的主流，各国也在寻求碳中和的发展模式。2019 年，欧盟发布了《欧洲绿色协议》，指出：以 2050 年实现碳中和为核心战略目标，构建经济增长与资源消耗脱钩、富有竞争力的现代经济体系。2020 年，欧盟发布了新版《循环经济行动计划》，其核心内容是循环经济发展理念，强调将该理念贯穿在产品的设计、生产、消费的全生命周期，实现资源循环利用。近年，全球经济绿色复苏是各国的共同心声。

（二）绿色、低碳、循环理念在可持续发展战略中的体现

构建绿色低碳循环经济体系，要全面推行绿色规划、绿色设计、绿色投资、绿色建设、绿色生产、绿色通道等。《指导意见》是构建绿色低碳循环

经济体系的顶层设计，积极利用资源，保护环境，减少资源浪费，减少温室气体的排放，减少垃圾排放，使经济增长建立在高质量、高水平的发展上。构建绿色低碳循环经济体系主要表现出以下几个方面的特色：

第一，系统部署了绿色低碳循环经济体系的发展。首先，通过第一、二、三产业的绿色发展，促进农业的绿色发展，促进工业的绿色转型，促进服务业的绿色升级。通过技术创新及现代管理改变传统的流通方式；在消费领域要引进绿色采购制度，实现消费用品的绿色化普及。全面发展绿色低碳循环经济，实现其在生产、消费、流通、再利用领域的覆盖。其次，各区域应该根据现有的优势确定合理的发展目标，促进城乡协调发展，推进乡村振兴，改善生态环境。最后，建设绿色基础设施，打造高质量、经济适用、智能化、绿色化、安全化的当代基础设施。强调落实绿色政策，倡导绿色价值观，通过一系列法律、政策来规范市场发展，促进绿色经济稳步发展。

第二，突出结构性调整、重点突破、创新引领等要点。在绿色低碳循环经济体系构建过程中要以绿色环保产业的发展为重点，强调科技创新与农业、制造业、服务业的高度融合，促进技术成果转化，带动第一、二、三产业升级。可以先选取100家左右的创新型企业优先试验，为之后引领广大企业走绿色发展道路奠定基础。《指导意见》还强调了创新引领，提出深入推动技术创新、模式创新、管理创新，实施绿色技术创新攻关行动，预判部署具有前瞻性、颠覆性、战略性的科技攻关项目。在循环发展方面，《指导意见》提出了新的发展方式，即新商品→废弃商品→二手商品，进一步推动废物利用，促进垃圾分类，实现可再生资源的回收。

第三，强调绿色发展、低碳发展、循环发展的协调。可以说绿色发展、低碳发展、循环发展是可持续发展战略的具体化，强调人与自然、环境、资源的相互依存关系，抛开传统的狭义的观念，从可持续发展战略层面来整体把握三者的发展步调，促进三者的协调发展。《指导意见》将绿色理念、低碳理念、循环理念融入各产业发展中，积极落实碳中和的目标，推动新能源的发展，促进可再生资源的利用与转化。

（三）构建绿色低碳循环经济体系的举措

构建绿色低碳循环经济体系，需要制定碳达峰、碳中和的目标，制定绿色转型路线图、绿色转型时间表，注重中期、长期的政策发展导向，积极规

划"零碳未来",不断创新,积累实践经验,具体举措如下(图5-11):

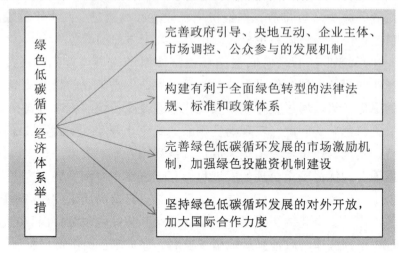

图 5-11 绿色低碳循环经济体系的举措

第一,完善政府引导、央地互动、企业主体、市场调控、公众参与的发展机制。作为后发国家一项具有正外部性的发展方式转型工作,推动绿色低碳循环经济发展离不开政府的参与,需要建立健全正向激励和负向约束机制,要充分激发自下而上的绿色发展实践创新,挖掘地方绿色低碳循环发展的经验做法,强化交流学习和相互借鉴。要进一步加强企业主体地位和市场调控机制,在绿色转型中充分发挥市场的导向性作用、各类市场交易机制的作用,为绿色低碳循环经济发展注入强大的动力。同时,要通过机制创新,调动公众投身绿色低碳循环经济发展实践的积极性,扩大社会公众参与范围,并为公众监督创造有利条件;增强公众的生态环保意识,增强公众践行绿色、低碳生活的主动性,使公众自觉保护生态环境,实现知行合一。

第二,构建有利于全面绿色转型的法律法规、标准和政策体系。我国目前已经形成了生态环境保护法律体系,但在新的目标导向下,现行框架还存在一些短板甚至空白的地方。需要面向全面绿色转型与碳达峰、碳中和目标,加快推动相关法律法规的绿色化进程,统筹推进应对气候变化法、能源法、煤炭法、电力法、节能法、可再生能源法等法律法规的制订、修订;统筹修订清洁生产促进法、循环经济促进法,提高生产绿色化和资源综合利用水平;补齐污染防治立法短板,强化环境风险防控;等等。同时,要统筹推动标准体系的绿色化,完善方法科学、实施有效、更新及时的标准制定、修订工作机制，构建体现国家和地区特色、指标水平先进、系统完整的绿色环保、节能低碳和资源循环利用标准；要按照绿色低碳循环发展的理念改造政策体系，将绿色低碳循环发展理念融入宏观调控、市场激励、财税体制等领域的政策中，建立长效机制。

第三，完善绿色低碳循环发展的市场激励机制，加强绿色投融资机制建设。落实好《碳排放权交易管理办法（试行）》，推进全国碳排放权交易市场建设，并协调好用能权交易、排污权交易等相关市场构建。通过推广绿色电力证书交易等手段，倒逼企业使用新能源，鼓励节能节电，促进资源节约和高效利用等，为绿色低碳发展建立高质量的正确价格信号体系。在税制绿色化改革框架下，通过调整环境税率及扩大征收范围，增加能耗高、污染重产品的消费税，降低绿色产品消费税，增加市场主体环境保护的内生动力，引导企业发展绿色技术、推行绿色生产。此外，利用低成本的政策型资金，支持中小绿色企业融资；对绿色低碳循环发展有突出作用的重大项目，优先给予资金补助、贷款贴息等政策支持。引导企业及各类社会资本广泛参与，调动各类市场主体参与绿色低碳循环发展的积极性，推动投资主体多元化。

第四，坚持绿色低碳循环发展的对外开放，加大国际合作力度。一是加强与世界各国绿色产业、技术的对接与协作。西方主要发达国家在绿色产业发展方面积累了较多的经验和技术，是交流、合作的重点。"一带一路"沿线的发展中国家与我国发展阶段类似，发展需求和条件有共同之处，在发展路径选择上容易达成共识。要加强我国绿色产品、技术、标准、模式与国外互联互通，共建全球绿色产业供应链体系，共同推动绿色产业标准的合作。二是将绿色低碳循环发展理念作为"走出去"战略的重要指导思想，提升政策沟通、设施联通、贸易畅通、资金融通、民心相通的绿色化水平。应进一步总结中国绿色发展的实践经验，分享我国生态文明和绿色发展理念与实践，加强生态环境保护。三是把绿色低碳循环发展转化为重要的国家形象，作为对维护全球生态安全的庄严承诺，充分彰显中国作为负责任大国的使命担当，打造绿色低碳循环发展的国际示范样本。

第六章　开放型经济与区域经济可持续发展

第一节　开放型经济

一、开放型经济与外向型经济

开放型经济是与封闭型经济相对的一个概念，开放型经济要求要素、商品、服务等可以自由流动，从而实现资源优化配置，促进经济发展。开放型经济主张国内市场与国际市场一体化，参与国际分工，为国际贸易的发展奠定了基础。一般来说，国家的经济发展水平越高，其市场化程度也越高，就越接近开放型经济。

开放型经济与外向型经济有区别，外向型经济主要以出口为手段，提高贸易的国际市场占有率，而开放型经济主张各要素的自由流动，是在打破关税壁垒的前提下，增加资本的自由流动。开放型经济既重视引进来，也重视走出去，注重各资源优势的组合，通过各要素的自由流动，实现资源的优化配置，使经济增长方式优化，吸引外资注入国内市场，促进国内经济的发展及产业的升级。

2015年，《中共中央 国务院关于构建开放型经济新体制的若干意见》出台，提出了开放型经济新体制的要求，使开放型经济迈向了一个新的发展阶段。

二、开放型经济的特点

第一，开放型经济要发展多边、双边经贸关系。目前，我国已与全世界大多数国家建立了经济合作关系。自2013年，我国发起"一带一路"倡议以来，积极发展与"一带一路"沿线国家的合作，特别是经济方面的合作，取得了重大的进展，促进开放型经济格局的形成，进一步深化了改革开放。

第二，开放型经济的体制环境、政策环境与国际规则基本接轨。开放型经济体现与国际市场的发展潮流一致的新经济发展特点。中国制定了《中华人民共和国对外贸易法》，作为对外开放相配套的对外贸易配套法规，《对外贸易法》随着国际贸易环境的变化不断调整。自从中国加入WTO之后，中国迈向了贸易自由化的道路，采取了一系列的措施来发展经济，采取的主要措施有降低关税、开拓开放领域、参与全球经济等，与国际市场对接，发展开放型经济。

第三，开放型经济在我国的国民经济中占有重要的地位，也成为区域经济发展的重要组成部分。例如，江苏省的开放型经济的总体特征是难中趋稳、稳中提质，在开放型经济中稳外贸、稳外资的成效显著，进口、出口额都有了增长。交流合作的平台也在不断丰富与完善，如举办了一系列的贸易投资博览会、进口博览会、开放创新发展国际咨询会议等活动。江苏省的国际产能合作也在不断深化，如中阿（联酋）产能合作示范园、柬埔寨西哈努克港经济特区、中哈（连云港）物流合作基地、上合组织连云港国际物流园、淮海国际陆港等项目建设成效显著。江苏省自贸区的建设成果也非常突出，实施全国、全省首创改革举措60余项，并形成了115项制度创新成果。①

第四，开放型经济已经成为国家宏观经济调控的重要手段与重点内容。首先，通过提升外资的质量及水平来提升国民经济发展的质量，促进国民经济高质量发展。其次，通过转变进口、出口贸易的增长方式，进一步扩大工业生产的范围，提高产品的流通效率。

第五，开放型经济对全球经济具有重大的影响，中国在国际经济中不仅充当着世界工厂的角色，也是经贸投资的大国，成为世界重要的资本输出地。2019年，中国新设立外商投资企业40 910家，规模居全球第二位（图6-1）。②

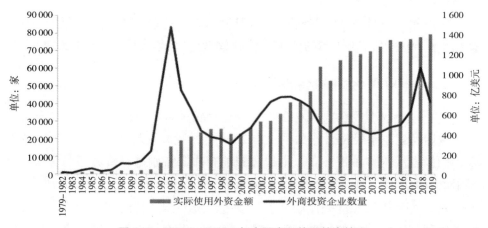

图6-1　1979—2019年中国实际使用外资情况

---

① 江苏省人民政府.开放型经济[EB/OL].[2021-04-26].http://www.jiangsu.gov.cn/col/co131390/index.html.

② 中华人民共和国商务部.中国外资统计公报2020：6.

2019 年，对华投资金额前 15 位国家（地区）在华新设企业合计 32 699 家，占当年我国新设外商投资企业总数的 79.9%，实际投资合计 1 336.3 亿美元，占当年我国实际使用外资总额的 94.6%（图 6-2）。①

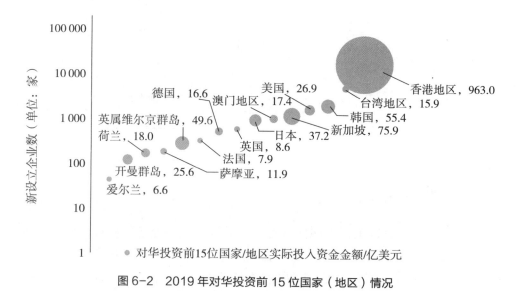

图 6-2 2019 年对华投资前 15 位国家（地区）情况

数据来源：商务部

三、开放型经济发展的措施

开放性经济的重点在于"开放"二字，要想促进开放型经济进一步深化和发展，就需要加大开放力度，可以采取以下措施（图 6-3）。

（一）放宽投资准入

首先，要加强外资政策支持，制定稳定、透明、可预测的外资政策。其次，要扩大对外开放的范围，拓展开放领域，推进金融、教育、文化、医疗等服务业的市场开放，增加外资引进，加大对制造业的开放程度。最后，在对外投资主体方面，要强化个人、企业的投资主体地位，鼓励其利用现有的优势资源发展对外投资，允许其自主承担风险，通过承接国际项目，创新投资环境，拓展"走出去"的广度与深度。

---

① 中华人民共和国商务部.中国外资统计公报 2020：1.

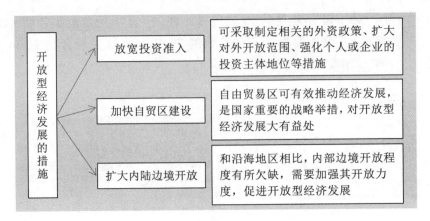

图 6-3　开放型经济发展的措施

（二）加快自贸区建设

当下许多国家及地区都在探索自由贸易区，主要经济体将自由贸易区谈判视为一项重要的战略举措。当下自由贸易协定成为大国巩固政治与发展经济的主要手段。例如，美国正在推动关于 TPP（Trans Pacifice Partnership Agreement）和 TTIP（Transatlantic Trade andInvestment Partnership）自由贸易协定的谈判，加快自由贸易区建设。

面对新的国际贸易体系，为了确保中国在全球自由贸易区的地位，在对外开放中提出了以下四个新的战略举措：加快实施外围的自由贸易区战略；改革市场准入、海关监管、检验检疫等管理体制；加快环境保护、投资保护、政府采购、电子商务等新议题谈判；构建面向全球的高标准自由贸易区网络。

（三）扩大内陆边境开放

内陆边境的改革开放程度与沿海地区的开放程度仍然有较大的差距，所以仍然需要加强改革开放，促进内陆边境地区在贸易、投资、技术方面的发展。另外，还要创新加工贸易模式，在内陆边境地区发展产业集群。要促进内陆与沿海地区的经济合作，形成贯穿东西、连接南北的对外经济走廊，实现区域经济协调发展。依靠政策上的优势进一步扩大内陆边境地区的开放程度。

第二节　建设更高水平开放型经济新体制

党的十九届五中全会提出，要建设更高水平开放型经济新体制，全面提高对外开放水平，推动贸易和投资自由化便利化，推进贸易创新发展，推动共建"一带一路"高质量发展，积极参与全球经济治理体系改革。

一、更高水平开放型经济新体制是对以往经济体制的发展与创新

建设高水平开放型经济新体制需要打破以往经济体系的桎梏，对经济体制进行创新，可以从以下方面进行（图 6-4）。

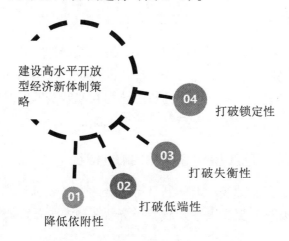

图 6-4　建设高水平开放型经济新体制策略

（一）降低依附性

以往，我国在开拓国际市场时，主要通过廉价的原材料及廉价的劳动力进入国际市场，处在产业链的低端，对产业的依附性较强，虽然经济发展的规模较大，但竞争优势薄弱，其核心竞争力尚未开掘。

（二）打破低端性

在对外开放的初期，产业的发展主要依靠低端加工与组合，即核心技术由发达国家提供，而国内提供劳动力及廉价原材料，进行加工、组合的工作，其创新性较低，导致贸易过程中产品的附加值较低，处于较为被动的地位，在生产价值链上处在最底层。

（三）打破失衡性

失衡性表现为行业及空间的失衡。行业的失衡性表现为国内的加工制造促进了世界工厂的形成，在规模上具有一定的优势，但相关的配套设施及服务并没有得到进一步发展，处在落后水平。空间的失衡性表现为东部地区的发展速度明显快于中部、西部地区，拉大了东西部的差距。

（四）打破锁定性

锁定性主要指的是开放利益的锁定性，国际投资与贸易促进了开放模式的锁定，产业的发展存在高消耗、低附加值的现象，严重制约了贸易结构与产业结构的优化。另外，发达国家的跨国公司在配置资源的时候，倾向于固化分工，也造成了产业发展单一与贸易的低附加值。

二、更高水平开放型经济新体制的特征

建设更高水平开放型经济新体制具有积极的意义，也是改革开放达到一定水平后的必然要求。更高水平开放型经济新体制的主要特征如下：

（一）贸易和投资自由化、便利化

随着经济的发展与科技的进步，世界经济一体化的趋势越来越明显，国际分工细化，国际市场对国际贸易及投资的敏感度提高，所以要促进贸易和投资的自由化、便利化，为促进区域融合发展及优化资源配置提供保障。

（二）具备较强的贸易竞争优势

更高水平开放型经济新体制建设需要摆脱以往的低端产业链，以往的贸易模式主要靠低附加值来扩大对外贸易，在国际市场上处于劣势地位，而更

高水平开放型经济新体制利用一切有利因素发展社会主义市场经济，扩大我国的国际贸易规模，改进贸易模式，增强核心竞争力。更高水平开放型经济新体制建设需要企业突破传统的贸易成本竞争，减少出口补贴，真正实现成本之外的核心竞争力的提升，包括技术领先、品牌优势等，彰显属于"中国创造"的贸易优势，在世界市场上增强其竞争力。

（三）完善外资准入及投资保护制度

更高水平开放型经济新体制强调采用负面清单管理的方式，促进国内资产与国外资产的行业准入与国家的宏观调控联系在一起。同时，投资保护制度需要进一步完善，加强对投资者利益的保护，积极应对投资纠纷问题，营造良好的国际贸易和投资环境。

（四）大力发展服务业

当前，世界各国都积极推动第三产业发展，国际市场也在进行产业结构调整。更高水平开放型经济新体制倡导积极进行产业结构调整，大力发展第三产业。另外，生产性服务业的发展可以促进产业集聚，进一步促进国际分工。生活性服务业的发展促进了货物贸易与服务贸易的协调发展。

（五）构建更高质量的对外开放平台，打造开放型经济新高地

更高水平开放型经济新体制对对外开放提出了更高的要求，不仅要大胆创新，还要谨慎发展。创新是更高水平开放型经济新体制的灵魂，要突破以往的发展模式，促进制度创新。我国在构建高质量的对外开放平台上做了很多尝试，如自由贸易试验区，自贸区与自由贸易协定良性互动，共同发展。

三、建设更高水平开放型经济新体制的路径

我国要实现经济高质量发展的目标，就需要建设更高水平开放型经济新体制。建设更高水平开放型经济新体制的路径如下（图6-5）：

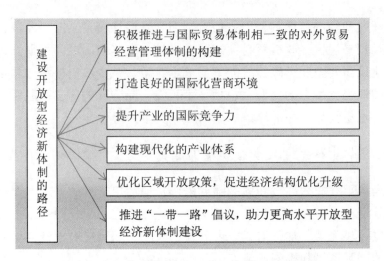

图6-5　建设更高水平开放型经济新体制的路径

（一）积极推进与国际贸易体制相一致的对外贸易经营管理体制的构建

更高水平开放型经济新体制的构建需要学习国际先进理念，建立高效率的对外贸易经营模式，完善各贸易管理机构的管理职能，科学划分各管理机构的管理权限，积极引进与利用外资，营造吸引外资的良好的环境。另外，要完善相关的对外贸易法律法规，促进对外贸易立法，稳定对外贸易的秩序。对外开放中，要鼓励出口贸易、对外直接投资活动，适应国际市场准则，扩大出口商品的国际市场份额，促进国际商品、资本、劳动力等生产要素进入中国市场，激发市场活力，促进经济发展。

（二）打造良好的国际化营商环境

打造良好的市场化、法制化、国际化营商环境，有利于构建更高水平开放型经济新体制。一方面，要进一步推行"放管服"（简政放权、放管结合、优化服务）改革，简化一些不必要的手段，优化业务流程，营造健康、有序、规范的市场环境。另一方面，要进一步改善对外贸易环境，尝试发展多元化的贸易模式，拓宽出口渠道，在发展国内市场的同时拓展国际市场。

（三）提升产业的国际竞争力

目前，我国在国际市场上的发展优势集中表现为我国是世界工厂，制造业在国际市场上具有重要的地位，下一步的发展需要利用高新技术的优势，加快新技术带来的创新成果转化，不断提升我国的国际竞争力。当今国际市场上劳动密集型产业成本上升，产品的附加值较低，国际市场的竞争更加激烈，我国应运用现代技术手段，加快劳动密集型产业向资本密集型产业、技术密集型产业转变，利用信息技术推动商业模式转变，促进产业集群发展，全面提升产业的国际竞争力。

（四）构建现代化的产业体系

现代化的产业体系在科技、能源、循环、绿色、低碳等方面有着明显的优势，能促进各种资源的整合，促进产业转型升级，优化产业结构。构建现代农业产业体系需要大力发展生态有机产业，加快农业经营主体的优化，在农业发展模式上有所创新。对于制造业来说，要促进现代互联网、大数据技术、人工智能等高新技术与制造业的融合，打造具有国际竞争力的制造产业集群，促进制造业的各个生态链的优化，发展绿色、高效的生产模式。要大力发展现代服务业，现代服务业是国际、国内市场重点发展的对象，也是未来产业发展的趋势，要发展现代化的生产性服务业、生活性服务业，使第三产业服务于第一、第二产业的发展。深化服务业供给侧结构性改革，提高服务质量，优化现代消费模式，改善现代消费环境，促进消费结构的优化，发展现代化的消费方式，直接影响生产，促进产业结构的优化。

（五）优化区域开放政策，促进经济结构优化升级

要想建设更高水平开放型经济新体制，离不开区域经济的发展。因此，需要优化区域开放政策，以促进经济结构优化，可以采取以下措施（图6-6）。

图 6-6　促进区域经济结构优化措施

第一，要扩大区域经济开放程度及开放范围，加强区域内的各项基础设施建设，实现产业、交通等的交流与合作，实现区域优势互补，促进优势资源的充分利用。

第二，区域之间实现联动，优化区域间的产业布局，吸引外资注入区域建设，在统筹发展东部、中部、西部的同时，促进区域国际化发展，实现区域市场与国际市场的精准对接。

第三，在边境地区建设贸易试点，向国际市场看齐。例如，中西部地区除了承接东部地区的产业转移以外，还承接国际市场的产业转移，依托国内城市集群的优势，优化产业结构，充分释放出产业的聚合效应。

（六）推进"一带一路"建设，助力更高水平开放型经济新体制建设

第一，在推进"一带一路"建设过程中，需要提升我国的国际金融服务功能，强化国际投资的资金支持。要增进与"一带一路"沿线国家的经济联系，通过多种方式的互动，构建贸易、金融、投资的多方联动体系，构建共同约定、平等对话的投资风险处置平台，运用平台优势促进利益共享与风险共担，为建设更高水平开放型经济新体制提供条件。

第二，在扩大对外开放的同时，还要注意中部、西部的区域发展，缩小东部、中部、西部的差距。借助"一带一路"建设提高中国的国际地位。稳步推进人民币国际化，构建面向全球的高标准自贸区网络。

第三节　高水平开放型经济体制助力

一、"一带一路"倡议及对国内区域发展的意义

"一带一路"倡议是"丝绸之路经济带"以及"21 世纪海上丝绸之路"的简称，于 2013 年提出，是指通过古代丝绸之路的历史符号，将沿线的国家串联起来，搭建各种形式的单边、多边的区域合作平台。"一带一路"倡议的目的是积极与沿线国家展开经济合作，通过打造政治互信、经济融合、文化包容的利益共同体，来实现国与国之间的经济的共同繁荣，共涉及 65个国家。

2015 年，国家发改委、外交部、商务部联合发布了《推动共建丝绸之路经济带和 21 世纪海上丝绸之路的愿景与行动》，促进了相关国家的经济发展，到 2021 年初，中国已经与 171 个国家、国际组织签署了"一带一路"合作文件，进一步构建道路联通、贸易畅通、货币流通、政策沟通、人心相通等"五通"的项目，随着"一带一路"的不断深入，我国经济的发展朝着高质量的方向前进，对沿海、内陆、沿边地区的发展起着积极的作用，同时为国内的区域发展注入了新的生机与动力，其意义主要体现在以下几个方面（图 6-7）。

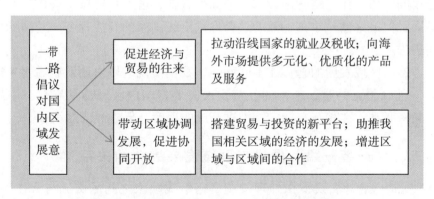

图 6-7　"一带一路"倡议及对国内区域发展意义

（一）促进经济与贸易的往来

京津冀协同发展、长江经济带发展、粤港澳大湾区建设等战略的规划既是我国区域发展的必然方向，同时也是打造"一带一路"新的增长与创新极。

"一带一路"倡议中蕴藏着巨大的市场潜力与广阔的发展前景，区域协调发展意味着资源的优化配置，这两者将会推动经济发展模式的升级，促进经济的高质量发展。一方面，中国将面临新一波的消费升级，不断增加进口，从而拉动沿线国家的就业及税收。另一方面，区域协调发展在国内可以形成一个统一的市场，实现资源、人才、技术等要素的优化整合，可以向海外市场提供多元化、优质化的产品及服务，因此国家的区域经济发展越好，对"一带一路"的贡献将越大，带动能力也将会越强，产生的作用也将越大。

（二）带动区域协调发展，促进协同开放

发展"一带一路"倡议，不仅可以搭建贸易与投资的新平台，还可以助推我国相关区域的经济的发展。一方面，"一带一路"倡议进一步促进了某些开放程度较低、国际化程度较浅的城市或国家进一步扩大开放程度，促进经济稳步提升。另一方面，"一带一路"倡议主张建设六大国际经济合作走廊，合作走廊的建成将促进中国及周边的国家进行紧密联系，通过不断地开放沿线的各项合作，增进区域与区域间的合作，虽然各区域的合作、发展程度不同，但最终的效果是一致的，会促进沿线国家的开放程度向着国际化的方向迈进。

当然，区域发展的趋势在不断增强，真正实现区域协调发展需要一定的时间，可以预见的是，未来的经济发展需要将国内区域的发展与"一带一路"紧密联系，在相互支持中，推进开放的程度，促进经济的增长。

二、"一带一路"倡议与区域发展战略的关系

"一带一路"倡议旨在处理丝绸之路沿线国家之间的交流与合作关系，而区域发展战略主要解决的是国内区域发展不平衡的现状，促进区域发展平衡及特定区域的开发性问题。从发展战略方面来看，"一带一路"属于国际

战略，区域发展战略属于国内发展战略，两者虽然存在差别，但两者共同为国家战略部署及经济发展作贡献。首先，"一带一路"倡议作为顶层设计，对区域发展起着指导、促进的作用。其次，区域的发展可以更好地助力"一带一路"倡议的深入，对"一带一路"倡议的实施具有巨大的推动作用，其关系主要体现在以下方面。

（一）"一带一路"倡议与"四大板块"区域发展战略

在"十一五"规划中，"四大板块"作为国家区域发展战略提出，所谓"四大板块"是指推进西部大开发、振兴东北地区等老工业基地、促进中部地区崛起、鼓励东部地区率先发展等区域发展战略，其目的是为了缩小区域间的差距，推进区域协调发展。

"一带一路"倡议可以促进内陆及西部的开放，比如沿着丝绸之路相关的区域可以与周边国家或地区展开密切合作，进而实现资源共享、扩大开放的效果，这对进一步加快西部建设、促进西部经济的发展有积极的意义。"一带一路"倡议作为国际战略，一定程度上带动了"四大板块"的轴向发展与互动发展，加强了这四大区域的联系与合作。例如，中蒙俄经济走廊建设将京津冀地区、内蒙古、东北地区紧密联系在一起，促进了与周边国家的互动与联系，展开多方位的合作。新亚欧大陆桥连接的是东部、中部、西部，进一步促进东部与中、西部的联系，增强互动与协调发展。

（二）"一带一路"倡议与长江经济带建设战略

长江经济带属于重大国家战略发展区域，覆盖 11 个省市，包括上海、江苏、浙江、安徽、江西、湖北、湖南、重庆、四川、云南、贵州等，长江经济带涵盖东、中、西部三大区域，是三大战略之一，同时是生态文明建设的先行示范带。2016 年，《长江经济带发展规划纲要》发布，进一步确立了长江经济带的"一轴、两翼、三极、多点"的发展格局。

一轴——以长江黄金水道为依托，推动经济由沿海溯江而上梯度发展。

两翼——沪瑞和沪蓉南北两大运输通道，这是长江经济带的发展基础。

三极——长江三角洲城市群、长江中游城市群和成渝城市群，充分发挥中心城市的辐射作用，打造长江经济带的三大增长极。

多点——发挥三大城市群以外地级城市的支撑作用。

长江经济带在河运、资源、产业、人力资源、城市密集等方面具有得天独厚的优势，不仅是保护生物多样性的创新生态系统保护的示范带，成为创新创业发展的创新驱动带，还是协调各区域之间发展的纽带，对跨区域生产要素的自由流动有十分重要的作用。

在发展策略方面，长江经济带上的向东开放（以长江三角洲为核心）与向西开放（以云南为核心）双向进行，这样的发展策略与"一带一路"倡议的海陆双向的全方位开放的战略相一致，关系十分密切，"一带一路"倡议对长江经济带的影响和意义主要表现在以下几个方面。

其一，"一带一路"倡议进一步促进了长江地区与西南沿边地区的联系，可以充分发挥出长江经济带的优势，同时进一步扩大了对外开放。"一带一路"倡议在发展过程中，以云南为起点，直接连接孟买、中国、印度、缅甸经济走廊及中国、中南半岛经济走廊，将处在内陆地区的云南、贵州、四川等地区引向改革大发展。

其二，长江经济带依托自身优势，逐渐成为"一带一路"发展的重要支撑，其可以为改革全面开放提供较好的基础，如长江经济带中的城市——上海，是"21世纪海上丝绸之路"建设的主力军，其他长江经济带的城市也是丝绸之路经济带的重要经济支持，为"一带一路"倡议作出卓越的贡献。

（三）"一带一路"倡议与京津冀协同发展战略

京津冀协同发展战略是国家的重大区域发展战略之一，中央于2015年发布了《京津冀协同发展规划纲要》，指出京津冀协同发展战略的核心是构建京津冀三地的交通一体化、促进生态环境的保护、促进产业的转移与升级，实现三地不同的区域功能，进一步疏解北京的非首都功能，调整各区域的经济结构，优化空间结构，促进三地的协调可持续发展，由区域经济引领全国经济，尤其打造高端产业发展空间，提高我国经济在世界经济中的核心竞争力。"一带一路"倡议与京津冀协同发展战略的关系，主要表现在以下方面。

其一，"一带一路"经济带上的中蒙俄经济走廊的建立进一步加强了京津冀地区、东北地区、内蒙古地区的合作，可以促进相关地区的经济往来与项目合作。

其二，京津冀地区的发展通过"一带一路"倡议的辐射，可以为该区域发展提供广阔的市场空间，即利用区域优势资源，进一步辐射周边的市场，扩大了开放。京津冀协同发展战略提升了该区域内的核心竞争力，有助于国际化的城市集群的形成，进一步依托区域的发展来助力"一带一路"倡议。

（四）"一带一路"倡议与粤港澳大湾区发展战略

2019 年，中共中央、国务院印发了《粤港澳大湾区发展规划纲要》，这成为粤港澳地区当下乃至今后一段时间内合作发展的纲领性的文件，粤港澳大湾区主要包括香港特别行政区、澳门特别行政区、珠江三角洲九大城市（广州市、深圳市、珠海市、佛山市、东莞市、惠州市、中山市、江门市、肇庆市）。

粤港澳大湾区发展战略是国家重点战略部署，大湾区的地理位置优越，产业基础发展较好，是我国改革开放的前沿阵地及产业高地，在"一带一路"倡议中处于重要的地位，两者的关系如下。

其一，大湾区处在"一带一路"的枢纽位置，对接"一带一路"沿线国家，具有加强区域内的合作，促进中国与沿线国家的利益共同体、命运共同体形成的作用。粤港澳三地对"一带一路"的贡献在于，广东省作为科技创新大省，拥有先进的制造业，其产业结构合理，产业链完善，在"一带一路"倡议中，可以充当贸易及合作的大省。而香港地区拥有较为成熟的金融体制，可以进一步拓展金融市场，构建商业网络。澳门则拥有葡萄牙语国家的经济贸易平台，可以为"一带一路"倡议提供一定的资本支持。

其二，粤港澳大湾区的建设，为"一带一路"倡议提供了宝贵的经验，尤其是大湾区内的自由港＋自贸区＋产业园区的构建，可以为"一带一路"倡议提供参考。另外，发达的交通也可以为"一带一路"的发展提供便利，大湾区内拥有世界上最大的海港群、空港群，并具备配套的高铁、公路等，其交通十分便利。并且，珠港澳大桥的建立可以进一步连接香港、澳门两地，有利于各项工作的开展。

"一带一路"倡议为粤港澳大湾区的建设带来了前所未有的机遇，成为粤港澳大湾区的红利增长器，依靠"一带一路"倡议平台，可以将大湾区的技术成果进一步向内陆地区延伸，带去更多的技术经验、产业需求、经济力量等。

三、"一带一路"倡议同国家重大区域发展战略对接要求

推进区域经济发展需要推动"一带一路"倡议,2018年,国务院印发了《关于建立更加有效的区域协调发展新机制的意见》(以下简称《意见》),在《意见》中明确提出了推动国家重大区域战略融合发展,进一步要求以"一带一路"发展、京津冀协同发展、长江经济带发展、粤港澳大湾区建设等重大战略为引领,促进区域间的相互融通补充。新的发展机遇下,需要实现三大国家战略区域的发展与"一带一路"发展相对接,实现改革开放与重点区域建设的同步发展。这对新时代优化全面开放新格局、促进区域协调发展、推动体制机制改革创新、发挥战略协同耦合效应等方面具有积极的作用。

要促进"一带一路"倡议同国家重大区域发展战略对接,需要坚持四大对接原则、处理好四大关系、明确四大对接路径,以实现"一带一路"倡议与国家重大区域发展战略的有效衔接,在对外开放的过程中促进区域发展,在区域发展的基础上扩大"一带一路"倡议的力度与广度。

(一)坚持四大对接原则

在"一带一路"倡议同国家重大区域发展战略对接时,需要遵守以下原则(图6-8)。

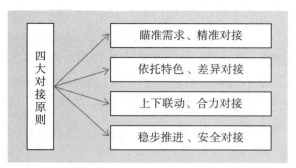

图6-8 四大对接原则

1.瞄准需求、精准对接

从国家发展的战略需求及企业、个人投资者的客观需求出发,该原则要求不仅在宏观上做好对接工作,还要从微观上进行具体的细节对接,达到精准对接的目的。

2.依托特色、差异对接

区域在发展的过程中，可以依据自身的特色优势，构建出差异化的发展，这是实现对接的基本原则之一。目前，重点打造的三大区域都有自己的优势与特色，需要不断优化区域的功能布局，各区域在对接"一带一路"倡议中实行分工对接，通过彰显自身的特色优势，来实现差异化的定位。

3.上下联动、合力对接

即加强中央、地方关于事权的统筹与协调发展，统筹协调顶层设计与基层发展。国家层面与地方层面的对接需要严谨有序，上下联动，合力对接，促进区域经济在"一带一路"倡议下有更好的、更快速的发展。

4.稳步推进、安全对接

区域及经济发展与"一带一路"倡议的对接，需要稳步推进，量力而行，提前做好各项评估，包括能力、市场、经济、技术方面的评估，在稳健的基础上，进一步深化对接的内容，找到适合发展的关键点，在有效避免外部风险的基础上进行相关的推进工作。

（二）正确处理四大关系

在"一带一路"倡议同国家重大区域发展战略对接时，需要处理好四大关系（图6-9）。

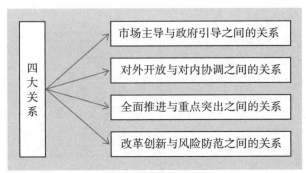

图6-9　四大对接原则

1.处理好市场主导与政府引导之间的关系

市场是资源配置的关键性因素，在资源配置中起着决定性的作用，因此在发展过程中要遵循市场规律，将发展放在大的市场环境下加以考量。政府需要发挥其宏观调控的功能，积极引导对接的方向、制度的建设，不断优化市场营商环境。

2.处理好对外开放与对内协调之间的关系

要开展"一带一路"倡议,其重点与难点在国外,而发展的根基却在国内,从开放的角度看,"一带一路"倡议的本质就是要协调好国际需求与国内发展的匹配度,通过中国的视角与规划来发展海外的市场,实现对外开放的全球化的发展。

3.处理好全面推进与重点突出之间的关系

全面发展并不是均衡发展,而是在突出重点的基础上,全面推进改革开放。通过一些重点领域的打造,来抓住事物的主要矛盾,抓住矛盾的主要方面,通过重点领域的突破来实现战略上的对接。

4.处理好改革创新与风险防范之间的关系

对外开放要取得长足的发展,需要走改革创新的道路,需要创新国内政策体系,通过不断深化改革创新来求得发展,在创新的同时还要注重风险的防范,要结合国内的区域发展战略与"一带一路"倡议,大胆创新、小心防范风险,实现国内、国际的全面发展。

(三)明确四大对接路径

在"一带一路"倡议同国家重大区域发展战略对接时,需要遵守四大对接路径(图6-10)。

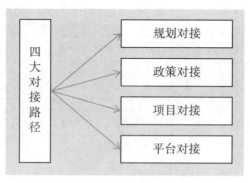

图6-10 四大对接路径

规划对接指的是宏观上的规划,是体系的协调、顶层的设计、为进一步深化发展做宏观上的指引。

政策对接,即通过制定相关的政策,不断强化制度上的保障,理顺对接的体制机制。

项目对接，通过项目对接，积极凸显重点项目的意义，通过重点项目辐射周边经济的发展，为战略的对接提供微观上的指引，项目的对接还可以联动其他项目，优化资源配置，通过项目促进区域经济与"一带一路"倡议的对接工作。

平台对接，即通过共建的平台来加强两者的关系，通过建立自贸试验区、国家级开发区、综合保税区等平台，实现资源整合的同时，也提供了对接的载体，实现两者的深度合作，不断整合资源、技术等优势来促进二者的协同发展。

第四节　广东开放型经济新体制的探索

习近平在对广东工作重要批示中指出，广东要为构建开放型经济新体制提供支撑。广东以新发展理念为指导发展经济，积极构建开放型经济新体制，扩大对外开放的广度与深度，培育省内经济发展的强项，使广东成为改革开放的领跑者。

广东省先后出台了《中共广东省委办公厅广东省人民政府办公厅关于进一步提高对外开放水平的意见》（2014年）、《中共广东省委、广东省人民政府关于构建开放型经济新体制的实施意见》（2016年）、《广东省参与"一带一路"建设2020年度工作要点》（2020年）等文件，构建全方位、多层次、宽领域、高水平的对外开放新格局，促进开放型经济进一步发展，构建开放型经济新体制。

一、广东省构建开放型经济新体制取得的成就

（一）与发达国家、地区的交流与合作

2020年，广东省作为第一外贸大省，在疫情等多种困难与挑战下，稳步推进外贸政策，体现了广东省外贸的优势与韧性。据统计，2020年广东省外贸进出口7.08万亿元，占全国22%，规模继续稳居全国第一，出口规模创历史新高，达4.35万亿元，同比增长0.2%，已是连续4年增长。

从全球市场看，广东与重要贸易伙伴进出口有所增长，美国重回第三大

贸易伙伴位置。广东对东盟进出口1.09万亿元，增长6.5%，东盟超越香港成为广东第一大贸易伙伴。此外，广东对美国、欧盟和中国台湾进出口分别增长4%、1%和7.9%，对"一带一路"沿线国家进出口1.76万亿元，增长2.3%。

2020年，广东省吸收实际外资1 620.3亿元，同比增长6.5%；新设外商直接投资项目12 864个，同比下降10.4%（图6-11）。

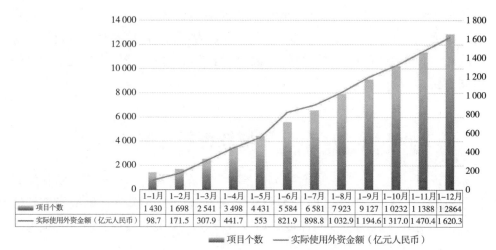

	1—1月	1—2月	1—3月	1—4月	1—5月	1—6月	1—7月	1—8月	1—9月	1—10月	1—11月	1—12月
项目个数	1 430	1 698	2 541	3 498	4 431	5 584	6 581	7 923	9 127	10 232	11 388	12 864
实际使用外资金额（亿元人民币）	98.7	171.5	307.9	441.7	553	821.9	898.8	1 032.9	1 194.6	1 317.0	1 470.4	1 620.3

■■■ 项目个数 ——— 实际使用外资金额（亿元人民币）

图6-11　2020年广东省吸收外商直接投资情况

（资料来源：广东省商务厅）

广东省在对外开放过程中注重"引进来"与"走出去"：在"引进来"方面，主要引进发达国家的先进技术、设备、高端产业、经验及人才，加快核心技术的掌握，用于本省的经济发展；在"走出去"方面，广东省近几年的并购活跃，其目标企业主要集中在发达国家及地区，广东省巩固传统优势产品的优势，增加这些产品的出口额，在此基础上发展新兴产业，如电子信息产业、生物制药产业、高端装备产业、新能源等，增加这些领域的出口额。广东与发达国家展开多领域的合作，加快国际合作平台建设，为"走出去"搭建合作平台。

（二）参与"一带一路"建设

广东省积极参与"一带一路"建设，加强广东省与"一带一路"沿线国家的交流与合作，如能源、科技、教育、旅游、文化等方面的交流与合作。广东省在参与"一带一路"建设方面主要开展了以下工作（图6-12）：

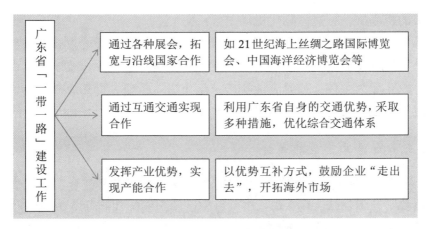

图 6-12　广东省在参与"一带一路"倡议方面的工作

第一，举办 21 世纪海上丝绸之路国际博览会、中国海洋经济博览会、中国 – 东盟港口城市合作网络论坛等，拓展了与"一带一路"沿线国家的合作。此外，近年来，广东省贸促会通过举办高端经贸活动等助力企业国际化发展，重点巩固中东欧市场，深耕东南亚市场，拓展非洲市场，开辟南美市场，组织经贸团组出访重点市场国家，组织举办百人以上规模的经贸活动40 余场，达成贸易投资项目 40 多个，涉及金额约 94.12 亿美元，创造大量商贸机会。

第二，通过互通交通实现合作。广东省拥有较为便利的交通条件，陆海空交通发达。为了充分利用广东省的交通优势发展与"一带一路"沿线国家的关系，广东省印发了《广东省参与"一带一路"建设 2021 年度工作要点》，进一步优化综合交通体系，协调广东省港口错位发展，提升广州港、深圳港国际航运综合服务功能和湛江港、汕头港、珠海港战略支点功能，推进港口资源的合理配置，加强与港澳地区港口优势互补和联动合作，推动与"一带一路"沿线国家港口缔结友好港口关系。同时，广东强化海铁联运效能，蓄力航空网络通达能力，创新物流组织方式，推进多式联运发展。在"一带一路"建设上，广东省的发展目标如下：首先，构建便捷、高效的综合运输通道，加强跨江跨海的通道建设；其次，打造开放式的世界级港口区，打造一流的港口，如广州港、深圳港、珠海港等，拓展广州港、深圳港国家航运服务功能，加快港口建设，完善港口的基础设施建设，完善内河航道与铁路、公路的网络化连接，提升广东省港口的发展潜力，打造具有全球竞争力与影响力的世界级港口群，提升港口城市的国际竞争力；最后，构建全球通畅的世界级的机场群，打造国际化机场。

第三，发挥产业优势，实现产能合作。通过优势互补的方式发展与"一带一路"沿线国家的关系，实现互利共赢。在国际合作中，要坚持以市场为导向，以企业为主体，鼓励企业实施"走出去"策略，开拓海外市场，参与国际竞争，逐步实现由产品输出到产业输出的转变。

（三）自贸试验区的成就

"十三五"期间，广东自贸试验区各片区形成了各具特色、多元发展的产业格局。数据显示，2020年，广东自贸试验区实际利用外资79.36亿美元，超过全省的1/3，外贸进出口3 412.8亿元，占全省4.8%，税收1 119.42亿元，新引进34个世界500强项目。广东自贸试验区各项经济指标保持全国自贸试验区前列，发挥了广东自贸试验区的示范带头作用。

二、广东省未来开放型经济新体制发展策略

（一）创新对外开放合作机制

广东要完善对外投资管理制度，促进相关的投资管理办法的实施，及时备案对外项目及企业的资料，实现更方便、高效的管理。推进外商投资管理体制改革，吸引外商投资。近年来，广东省自贸区注重制度创新，致力于发展高水平的对外开放。广东省实施"可弹窗式"清单管理，将其运用到企业生产与发展中，使贸易便利化，主要体现在以下方面（图6-13）。

第一，制度创新首先表现为区域内实施政府智能化监管新模式。这种智能化监管新模式主要表现为全链条、闭合式。"可弹窗式"清单管理对企业运营过程中的失信、经营风险、违法等都会有提醒。当企业出现失信行为的时候，其失信信息会在政务及金融部门之间共享，当失信企业到相关的部门办理业务的时候，其失信信息就会以弹窗的形式进行提醒，形成了政府智能化的监管新模式，企业"一处失信、处处受限"，督促企业遵守相关的法律法规，规范经营。

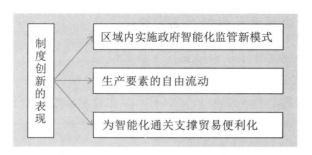

图 6-13　广东省自贸区制度创新的表现方面

第二，制度创新还表现为生产要素的自由流动。广东自贸区充分利用自身的区域优势，加快制度创新的进程，推动科技发展，推动技术及人才的国际交流与合作，实现更高层次的开放。

第三，制度创新表现为智能化通关支撑贸易便利化。广东率先启动"互联网＋易通关"改革，实现了自助报关、提前归类审价、互动查验、自主缴税等业务创新，缩短了通关时间，平均通关率 80%，并实现了"单一窗口"的货物申报上线率 100%。对一些国际贸易公司来说，实施智能化通关之后，验收的周期缩短，提高了贸易效率。通关效率的提升还促进了航运物流行业的发展，目前有众多航运物流企业在广东建立，一些大型的企业也将航运物流的重点转移到广东，促进了广东的经济发展，促进了产业结构的优化，实现区域可持续发展。

（二）构建外贸经济发展新格局

广东大力发展跨境电商，其规模庞大，目前位列全国第一。近年来，跨境电商成为国际贸易的新增长点。广东省在发展对外贸易的过程中，不断优化外贸结构，增加出口份额，鼓励广东自贸区吸引外资，广东企业通过"走出去"战略，到"一带一路"沿线国家投资的比例逐年增加，而广东自由贸易试验区已经成为全省对外开放的主要阵地。广东省在构建外贸经济发展新格局过程中，改变原有的规模优势，重点发展效益优势，如果单纯从数量扩张来说，广东省已经走在了全国对外开放的前端，但广东省的对外开放潜力巨大，通过企业发展品牌、技术、绿色、服务等，提高广东省的对外开放水平。

（三）打造金融开放创新示范窗口

打造金融开放创新示范窗口是广东自贸试验区"十四五"期间的重要任务。广东自贸试验区将立足服务实体经济转型升级，推动金融业进一步开放，提升跨境贸易和投融资便利化水平，深化粤港澳金融合作，充分发挥金融开放创新试验示范作用。

1.促进跨境资金流动自由便利

（1）有序扩大金融业对外开放。推动国家金融业对外开放政策率先在广东自贸试验区落地，推进设立粤港澳大湾区国际商业银行，支持符合条件的境外银行、证券、基金、期货、保险业经营机构在区内设立独资或合资金融机构，鼓励跨国公司设立全球或区域资金管理中心，吸引国内外清算机构在区内落户，推进境内金融机构参与国际金融市场交易。

（2）开展资本项目管理改革试点。开展资本项目收入支付便利化试点，探索完善跨国公司跨境资金集中运营管理制度，推进本外币合一的全功能型跨境资金池业务。实施全口径跨境融资宏观审慎管理，稳步推进私募股权投资基金跨境投资试点，探索扩大跨境资产转让范围，提升外债资金汇兑便利化水平。

（3）促进跨境贸易和投融资便利化。推进更高水平贸易投资便利化试点，推动跨境货物贸易、服务贸易和跨境电商贸易结算便利化。促进企业跨境投融资自由化，用好自由贸易账户体系（FT账户体系），鼓励区内企业从境外融入本外币资金。积极探索区内金融机构参照国际惯例为港澳企业提供金融服务，创新发展流动资金贷款、国际贸易融资、项目贷款、并购贷款等融资业务，争取国家支持区内优质科创企业和独角兽企业在一定额度内自主借外债。有序推进合格境内有限合伙人（QDLP）和合格境内投资企业（QDIE）试点工作。稳步推进人民币国际化，进一步简化跨境人民币业务办理流程，支持区内金融机构在开展跨境融资、跨境担保、跨境资产转让等业务时使用人民币结算。

2.深化粤港澳金融合作

（1）支持金融机构跨境互设。提升金融业对外开放水平，支持符合条件的港澳银行、证券机构在区内设立经营机构。鼓励符合条件的港澳保险机构在区内设立资产管理、营运、研发、后援服务、数据信息等总部和经营机构。支持港澳私募基金参与广东自贸试验区创新型企业融资，鼓励区内符合条件的创新型企业赴港澳融资、上市。

（2）促进金融市场互联互通。在依法合规前提下，支持粤港澳三地机构共同设立发展基金，吸引内地、港澳地区及海外各类社会资本，为区内基础设施和重大项目建设提供资金支持。鼓励区内银行在宏观审慎管理框架下，向港澳地区的机构或项目发放跨境贷款。探索建立跨境理财通机制，便利符合条件的投资者以人民币开展跨境双向直接投资。

3.促进金融支持实体经济发展

（1）探索服务实体经济的新模式。推广运用基于区块链技术的跨境金融服务平台，鼓励金融机构围绕核心企业，为上下游中小企业提供符合其产业特色的供应链金融产品。构建跨境经贸合作网络，支持人民币海外投贷基金为企业"走出去"开展投资、并购提供投融资服务。鼓励区内企业开展真实、合法离岸转手买卖业务，支持商业银行依法依规为企业在"一带一路"沿线国家和地区开展离岸转手买卖业务提供便利的跨境结算和贸易融资服务。

（2）提升金融服务创新水平。发展绿色金融，高标准建设广州期货交易所，发展完整期货产业链，吸引全球投资者和各类企业广泛参与，探索形成国际标准，打造风险管理中心，支持区内金融机构赴港澳发行绿色金融债券等绿色金融产品。鼓励区内企业参与碳排放交易。支持设立绿色低碳产业基金，规范探索开展跨境绿色信贷资产证券化、绿色债券、绿色股权投融资业务，支持南沙申请国家气候投融资试点，规范探索开展气候投融资业务。促进特色金融平台发展，推动前海联合交易中心建成服务境内外客户的大宗商品现货交易平台，依托横琴"七弦琴"国家级知识产权交易中心和深圳市知识产权金融公共服务平台，深化开展知识产权投融资服务。推动金融科技创新发展，推进金融科技创新监管试点，鼓励人工智能、大数据、云计算等金融科技创新成果在区内落地。

（四）推进粤港澳大湾区建设

第一，实施贸易自由化措施。贸易自由化是在改革开放的方针政策下，进一步扩大对香港、澳门的开放程度，在经济、政治、文化、教育、医疗、保障方面有序开放，大力发展服务行业，积极吸收外资。

第二，加强粤港澳大湾区港口互通，使港口建设朝着集约化的方向发展，促进区域内的枢纽港口建设，与国内其他区域的港口加强联系，发展世界级的港口群，促进其国际化。除了港口群的建设，还要发展港口与内陆交通，促进国内、国际的交通网络建设，加强交通基础设施建设，推进各个项目的筹备及建设。

第三，促进各要素的自由流动。商品的流动带来资本的流动，带来贸易的发展。要加强国际贸易的智能化发展，通过智能化通关系统的改革，提升通关效率，实现要素的自由流动。要实现要素的自由流动，还需要促进粤港澳地区投资自由化、便利化。

第四，促进广东自贸区的进一步发展。2014年，国务院决定在广东省设立自由贸易试验区。之后广东自贸区成为世界自由贸易区联合会的荣誉会员。现阶段，广东省要进一步发展自贸区，需要做好以下几方面的工作：

（1）进一步创新与发展管理制度。有针对性地发展各片区优势，大胆创新与发展。

（2）促进国际航运中心的发展。首先，加强基础设施建设，发展航运中心的各项服务。其次，国际航运中心需要突出功能集成的作用，大胆创新，完善监管制度，增强国际航运中心的"软优势"。

（3）营造良好的国际化营商环境。要构建开放型经济新体制，需要完善公平竞争的市场机制，促进国际投资便利化，优化投资效果，扩大对外开放，为投资创造良好的环境。

此外，还要构建知识产权保护体系，建立国际化的检测认证体系，建立符合国际标准的产业、技术、产品相关的标准体系，提升政府的管理及服务职能。

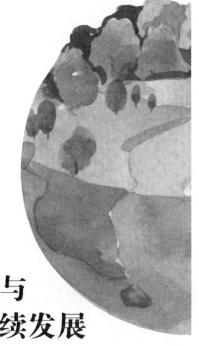

第七章　共享理念与
区域可持续发展

第一节 共享理念

一、共享理念的内涵

新发展理念中的共享理念主要包括全民共享、全面共享、共建共享、渐进共享四个方面（图7-1）。

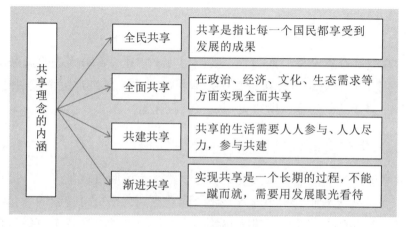

图7-1 共享理念的内涵

（一）全民共享

全民共享是指发展要以人民为中心，共享发展的主体是全体人民。发展经济的最终目的是让每一个国民都享受到发展成果。但是现在我国存在着区域经济发展不平衡的问题，东部地区和城市获得了较多的发展成果，但是广大西部地区和农村地区没有享受到多少发展成果。这种局面必须改变，所以要树立全民共享的理念，让每个人都有均衡的获得感。

（二）全面共享

以往的发展过于偏重于经济，认为满足了人民的物质需求就是让人民过上了幸福生活。这种理念的结果就是经济确实有进步，物质生活有改善，但是其他方面却很滞后。而实际是人们的政治、经济、文化、生态需求也很多，所以我们要改变观念，实现全面共享，让人们各方面的美好需要都得到满足。

（三）共建共享

全面建成小康社会，过上美好的生活是每一个中国人的梦想。但是有些人总是有一些错误的观念，总觉得国家应该多帮助自己，总是在等，自己不肯奋斗。然而幸福是奋斗出来的，要想过上美好生活，需要每一个人都去努力，大家要想过上共享的美好生活，就应该人人参与、人人尽力，这样才能最终做到人人享有。

（四）渐进共享

共享是一个逐渐发展的过程，我们用几十年让一部分人先富起来了，现在还要用几十年先富带后富。实现共享，走向共同富裕是一个长期的过程，是逐步改善生活的过程，所以要用发展的眼光看问题。

二、共享发展的着力点

共享理念主要表现在增加公共服务供给、实施脱贫攻坚工程、提高教育质量、促进就业创业、缩小收入差距、建立更加公平更可持续的社会保障制度、推进健康中国建设、促进人口均衡发展八个方面，这八个方面是在党的十八届五中全会上提出的，是共享发展的主要着力点，涵盖共享理念的制度建构。社会主义初级阶段基本经济制度的坚持和巩固以及有利于推动公平正义的具体制度的建构和完善是实现共享发展的两个关键着力点（图7-2）。

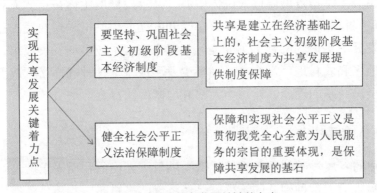

图7-2　实现共享发展关键着力点

第一，要坚持、巩固社会主义初级阶段基本经济制度。共享是建立在经济基础之上的，离开了经济基础谈共享理念是不现实的。党的十八大指出，共同富裕是中国特色社会主义的根本原则。要坚持社会主义基本经济制度和分配制度，调整国民收入分配格局，加大再分配调节力度，着力解决收入分配差距较大问题，使发展成果更多更公平惠及全体人民，朝着共同富裕方向稳步前进。

第二，健全社会公平正义法治保障制度。保障和实现社会公平正义是贯彻我们党全心全意为人民服务的宗旨的重要体现，是坚持以人民为中心、保证人民当家作主、为人民谋福祉的必然要求，是全面推进依法治国的重大任务。我们党高度重视把保障社会公平正义纳入制度化、法治化轨道，通过持续推进中国特色社会主义国家制度和法律制度建设，加强对社会公平正义的法治保障，满足人民群众对美好生活的新期待。

三、共享理念的意义

在新发展理念中，共享理念充分体现了"以人为本""以人民为中心"，不仅体现了我国社会主义的本质要求，同时也体现了我国经济社会发展的根本出发点与最终落脚点。在新发展理念中，创新、协调、绿色、开放以合规律性发展为依据，而共享则是以发展的合目的性为依据。也就是说，"共享"理念是社会发展的最终归宿及必然结果。从马克思主义原理来看，社会再生产的过程包括生产、交换、分配、消费四个环节，其中生产决定分配，同时分配也反作用于生产，其反作用主要表现在社会产品的分配是否公平直接影响到社会生产力。资本主义发展的过程中会出现两极分化、阶层固化等问题，而"共享"理念作为社会主义特有的产品分配形式，具有积极的意义，"共享"不仅是社会发展的根本目的，还是新一轮社会发展的起点，促进社会向着更高级的分配制度迈进，促进更加公平、公正、和谐的环境的形成，为可持续发展贡献持久动力。

第一，实现社会发展成果的全民共享，满足人们日益增长的物质需求与精神需求。共建与共享是相辅相成的，共建是共享的基础。人民创造的物质及精神财富都是共享的对象。共享不是平均主义，而是在充分尊重劳动、成果、创造的基础上，坚持社会主义初级阶段分配制度，促进大众劳有所得，劳有所获，实现人人参与、人人尽力、人人共享劳动成果的局面。

第二，共享理念促进社会的可持续发展。共享理念坚持公平、公正，坚持全体人民享有经济发展成果，促进社会公平正义的实现，促进社会各项事业的发展，这些都有利于社会的可持续发展。

第二节　健康中国战略

一、健康中国战略的背景、内涵及任务

实施健康中国战略是在党的十九大报告中提出的，需要发动社会各方面的力量共建健康事业，尤其是从经济与社会可持续发展的角度来推动健康事业的发展，最终目的是提高人民群众的健康水平。

（一）健康中国战略的背景

2020年6月，国家卫生健康委发布《2019年我国卫生健康事业发展统计公报》（以下简称《公报》）。《公报》显示，居民人均预期寿命由2018年的77.0岁提高到2019年的77.3岁，孕产妇死亡率从18.3/10万下降到17.8/10万，婴儿死亡率从6.1‰下降到5.6‰，总体上优于中高收入国家的平均水平，为祖国的强大和实现经济的高质量发展奠定了基础。中国是世界上最大的发展中国家，用相对较少的医疗卫生资源，成功地为将近世界五分之一的人口提供了较好的医疗卫生服务，促进了全民健康的发展。

在看到成就的同时，我国还面临着巨大的挑战，如工业化、城镇化、老龄化等，同时环境的破坏及生活方式的改变也给国民的健康带来威胁。首先，重大传染疾病的防控仍然处于被动局面，没有建立起全面的防控机制。其次，慢性病发病人数明显增加。再次，食品安全、药品安全、生态环境破坏等问题较为突出，影响着人们的健康。最后，城镇化进程的加快及人口老龄化对医疗卫生资源需求增加、要求变高，目前老年健康服务行业属于缺口较大的行业，亟待发展壮大。

总体来说，卫生资源的有限性和卫生服务需求不断增长存在矛盾，所以需要发展健康产业，不断壮大全民健康保障体系，开展健康教育，倡导健康的生活习惯及生活方式，在全社会范围内形成健康的氛围，调动社会的各方力量促进健康事业的发展。

（二）健康中国战略的内涵

健康中国战略基于人民对美好生活的需求，旨在全面提高人民健康水平，促进人民健康发展，为新时代建设健康中国明确了具体落实方案。健康中国战略包括以下几方面内容（图7-3）。

★健康环境的打造　　★健康产业

★健康的社会发展氛围　　★健康的人群

图7-3　健康中国战略的内容

1.健康环境的打造

要积极抵御不利于健康发展的各种不利因素，进一步完善健康基础设施建设，改善生态环境，大力发展文化体育事业，营造支持健康的外部环境，使人们在健康的环境下生活和工作。

2.健康的社会发展氛围

以人为本，以健康为本，提高公共服务水平，完善公共安全保障体系，营造良好的社会发展氛围，形成和谐的社会关系，促进健康的社会发展模式的形成及发展。

3.健康的人群

完善医疗卫生制度，增强应对重大疾病的能力，优化健康服务，传播健康理念，普及健康文化，提升人们的健康素养，使人们养成健康的生活习惯，增强人们的体质，培养健康人群。

4.健康产业

发展健康产业，将健康需求作为拉动内需的重要抓手，优化经济结构，实现经济结构的调整与升级，促进健康服务业的发展。

（三）健康中国战略的任务

1.实施健康教育

良好的医疗条件可以辅助健康，而健康的生活方式是决定健康与否的首要因素。健康的生活方式对健康直接产生60%的影响，而医疗服务对健康的影响只占7%左右，所以需要进行健康教育，引导人们养成健康的生活习惯。[1] 2016 年，中共中央、国务院印发《"健康中国 2030"规划纲要》。该规划纲要提出，加大学校健康教育力度，将健康教育纳入国民教育体系，把健康教育作为所有教育阶段素质教育的重要内容。该规划纲要还提出，以中小学为重点，建立学校健康教育推进机制。构建相关学科教学与教育活动相结合、课堂教育与课外实践相结合、经常性宣传教育与集中式宣传教育相结合的健康教育模式。培养健康教育师资，将健康教育纳入体育教师职前教育和职后培训内容。

2.引导健康行为

健康行为首先表现为合理的膳食习惯，要普及膳食知识，利用《中国居民膳食指南》指导大众科学膳食，促进健康饮食文化的形成及普及。建立营养监测制度，对重点人群及重点区域进行膳食干预，补充微量元素，促进其膳食平衡。加强对烟酒的控制，通过价格、税收、法律等手段控烟、控酒，加强健康教育，引导青少年远离烟酒。

3.提高全民身体素质

完善全民健身公共服务体系，加强健身基础设施建设，倡导全民健身，加快推进全民健身计划，普及健身知识，完善健身方法，促进全民健身。组织社会指导员对民众的健身进行指导，发布权威的体育锻炼标准，促进休闲体育项目的发展，丰富大众健身项目。根据区域特点大力发展群众喜闻乐见的运动项目，开发出适合不同年龄阶段、不同地域的运动项目，达到强身健体的目的。

4.优化健康服务

推进大健康产业的发展，促进未病防治，实施慢性病综合防控措施，制定疾病早期筛查方案，对突出的慢病（如高血压、糖尿病等）实施全方位的干预，减少慢病的危害。要加强中小学生的用眼卫生，保护视力，减少近视。同时，要积极预防青少年肥胖，促进青少年健康成长。到 2030 年，实现全人群、全生命周期的慢性病健康管理。

5.完善医疗卫生服务体系

要完善医疗卫生服务体系，高效、整合型的医疗卫生服务体系的特点是体系完善、分工明确、功能互补、协作顺畅、高效运行。大力发展医疗服务，促进医疗服务的高质量发展。

---

① 曹立.新时代经济热点解读[M].北京：新华出版社,2018:111.

二、推进健康中国战略的意义

2016 年 10 月，中共中央、国务院印发《"健康中国 2030"规划纲要》。健康中国建设上升到国家战略层面，引起全社会的关注。2019 年，国务院印发了《国务院关于实施健康中国行动的意见》，强调要成立健康中国行动推进委员会，促进健康中国行动的实施，并且印发了《健康中国行动（2019—2030 年）》，又印发了《健康中国行动组织实施和考核方案》，成立了健康中国行动推进委员会。健康中国战略的实施具有积极的意义（图 7-4）。

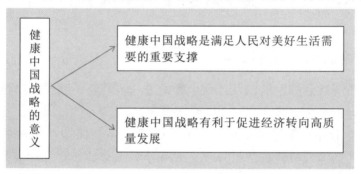

图 7-4　健康中国战略的意义

（一）健康中国战略是满足人民对美好生活需要的重要支撑

当前，健康成为影响人民获得感、幸福感、安全感的重要因素。一个人民健康水平不断提高的社会才是充满生机活力又和谐有序的社会。随着经济社会发展，人民群众对健康安全的要求日益提高，保障和改善人民健康对维护社会和谐稳定、保障国家长治久安具有重要意义。同时，我国面临多重疾病威胁并存、多种影响因素交织的复杂局面，医疗卫生发展不平衡不充分与人民日益增长的健康需求之间的矛盾比较突出。这就需要大力实施健康中国战略，最大限度减少健康危险因素，全面提升医疗卫生发展水平，更好地满足人民健康需要，全方位全周期维护人民健康，促进人的全面发展和社会全面进步。

（二）有利于促进经济转向高质量发展

健康的、高素质的劳动人口是社会生产力的重要组成部分。改善劳动者健康状况，可以有效延长劳动力工作年限，提高劳动生产率和经济增长率。改革开放以来，我国经济能够保持中高速增长，一个重要原因是大量健康的、受过较好教育的劳动力人口提供了源源不断的动力。实施健康中国战略，提高劳动者健康素质，有利于新时代中国特色社会主义经济发展实现从劳动力要素驱动向人力资本驱动转变，释放更多"健康红利"。同时，培育发展健康产业还可以拉动投资，吸纳就业，带动产业升级，促进经济发展。

第三节　共享理念下的中国人口发展

一、中国人口发展态势

随着经济社会的发展以及计划生育的进一步调整，我国人口将呈现出以下发展趋势：

其一，生育水平经历了短暂的升高之后，还会保持在正常更替水平之下。第七次全国人口普查结果公布，2020 年我国育龄妇女总和生育率为 1.3，处于较低的生育水平。随着时代的发展，越来越多的年轻人充满个性，注重追求自我生活，因此也就出现了不婚、不育的现象。从客观因素来看，有相当部分原因是养育子女成本较高，有来自各方面的压力。其中较为突出的问题是，生孩育儿的相关服务机制不够健全，存在供应不足、收费较贵的现状，再加上目前父母是双职工的现象较多，照顾孩子的时间有限，老人照顾不好或身体不好等，造成育儿的问题凸显，导致越来越多的年轻人不愿意生育。因此，我国还会维持较长一段时间的生育水平低的现状。

其二，人口规模增长势头逐渐减弱，全国范围内的人口规模仍然在持续增长的状态下，但增长的速度逐渐下降。低生育率是当前我国人口发展面临的现实问题，而适度生育水平是维持人口良性发展的重要前提，过低的人口规模增长会促进人口结构性矛盾的加剧。生育率下降的主要原因是结婚时间推迟，生育时间推迟，生育及养育的成本增加。人口问题具有长期性、复杂性和艰巨性。

其三，人口老龄化趋势较为明显。"20 世纪 90 年代以来，中国的老龄化进程加快。65 岁及以上老年人口从 1990 年的 6 299 万增加到 2000 年的 8811 万，占总人口的比例由 5.57% 上升为 6.96%，目前中国人口已经进入老年型。性别间的死亡差异使女性老年人成为老年人口中的绝大多数。预计到2040年，65岁及以上老年人口占总人口的比例将超过20%。同时，老年人口高龄化趋势日益明显：80岁及以上高龄老人正以每年5%的速度增加，到2040年将增加到7 400多万人。"① 人口老龄化与人口的出生率下降、死亡率下降有密切的关系。目前，我国的生育率已经降低到更替水平之下，人口的寿命及死亡率也接近发达国家的平均水平，所以老龄化的趋势是未来人口发展的必然趋势。

其四，人口性别比例失衡虽然在一定程度上有所缓解，但仍然会对今后一段时间的婚姻及家庭关系产生影响。要缓解人口性别比例失衡，首先需要加强立法监管，进一步完善生育政策。基于人口发展不平衡的因素，在制定相关的法律法规的时候，要体现出区域的差异化，需要根据各地的具体情况完善法律法规。其次，要加快社会经济的发展及城市化进程，只有人们达到满意的生活水平，才能解决性别比例失调问题。最后，要完善社会保障制度，健全养老体系。中国素有养儿防老的传统，这种观念根深蒂固，所以在现代社会需要建立新型的家庭模式，进一步落实老有所养的政策，完善社会福利政策，解决老年人对晚年生活的担忧。

其五，人口地区分布不均。随着经济的发展及城镇化的发展，人口流动较为频繁。一般来说，经济发达的地区人口密度大，欠发达地区的人口密度较小，因此全国范围内的人口分布不均。随着改革开放的深入，加上全国经济、社会的转型，人口分布不均的现象将有所好转，跨省流动人口将大幅度减少。

其六，人口城镇化的进程加快，城镇化水平越来越高，人口城镇化将由以数量为主转变为以质量为主，促进城镇化的高质量发展。新型城镇化在全国范围内进一步推广，以人为核心的城镇化在稳步推进，户籍人口城镇化率将不断提升。

其七，家庭模式多样化。随着二孩政策的实施以及三孩政策的出台，家庭规模较之前将进一步扩大，家庭居住离散化程度将进一步加深，家庭关系也将出现松散化，单亲家庭、单人家庭、丁克家庭等将进一步增多，家庭的主要形式仍然是核心家庭、直系家庭。

---

① 资料来源：http://www.cctv.com/special/1017/1/86774.html

二、共享理念下的中国人口发展策略

共享经济的发展离不开人的帮助，需要充足的人去发展经济，产生消费行为等。因此，要想更好地实现共享发展，就需要重视人口的发展，中国人口发展策略如下（图7-5）。

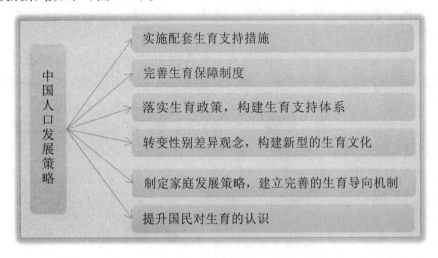

中国人口发展策略
- 实施配套生育支持措施
- 完善生育保障制度
- 落实生育政策，构建生育支持体系
- 转变性别差异观念，构建新型的生育文化
- 制定家庭发展策略，建立完善的生育导向机制
- 提升国民对生育的认识

图7-5 中国人口发展策略

（1）实施配套生育支持措施，解决养育难的问题，实现基本福利全民共享。《中共中央关于制定国民经济和社会发展第十四个五年规划和二〇三五年远景目标的建议》指出："制定人口长期发展战略，优化生育政策，增强生育政策包容性，提高优生优育服务水平，发展普惠托育服务体系，降低生育、养育、教育成本。"2021年，《关于优化生育政策促进人口长期均衡发展的决定》提出实施一对夫妻可以生育三个子女政策及配套支持措施。

首先，应建立生育激励机制。经济的发展及时代的进步带来年轻一代婚育观的转变，社会的主流思想是少生、优生，大多数的年轻人结婚较晚，生育也会推迟，存在少生、不生的情况。因此，需要建立相应的生育激励机制，鼓励适龄人群生育，减少养育焦虑，减少养育成本，解除有意愿生育的人群的后顾之忧，促进家庭和谐，进一步促进社会的可持续发展。

其次，针对各区域的人口情况，增加托育服务的供给，降低生育、养育的成本，促进职工的职业发展，构建生育保障体系。

最后，保持制度的弹性与包容性，针对新的生育问题与情况，不断完善制度，巧妙化解各方的矛盾，进一步促进生育政策的落实。倡导适应现代社会的家庭生活方式，加强基础设施建设，提高生活质量。注重教育，提升人口质量。

（2）完善生育保障制度。生育保障制度属于社会保障制度的一部分，主要包括生育保险、生育福利、生育救助三个方面。首先，增加各种生育假，包括产假、父育假、育儿假等，并且可以获得相应的补贴，包括生育津贴、育儿津贴等。其次，对生育的健康保护及哺乳安排。对生育的健康保护指的是不得安排孕妇、产妇进行高危作业，产假休息之后返岗享有一定时间的哺乳假。最后，要对孕产妇采取就业保护及非歧视政策，保障妇女在产假结束之后返岗享受同一岗位或者工资相同的岗位的权利，不得以怀孕、生育等理由解聘当事人。

（3）落实生育政策，构建生育支持体系。第一，差异化的个税抵扣及经济补贴政策；第二，可以增加托育服务供给；第三，保障女性的基本权利；第四，保障非婚生育子女的平等权利；第五，加大对教育、医疗等民生领域的投入，降低养育成本。

（4）转变性别差异观念，构建新型的生育文化，综合治理出生人口性别比偏高的问题，优化出生性别比例。

（5）制定家庭发展策略，建立完善的生育导向机制，通过各项生育福利构建奖励体系，制定特别扶助制度，关爱计生特殊家庭，关爱计生困难家庭，让计生家庭能享受更多的实际实惠及人文关怀，提升其幸福指数。通过积极开展生育幸福家庭创建活动，建设生育文明，关怀生育，实施生育文明、家庭发展策略，激发广大群众的生育热情。

（6）提升国民对生育的认识，实现人口可持续发展，共享发展成果。可持续发展要求人口与资源、环境、经济和社会相互协调。人口的可持续发展涉及人口数量（包括人口增长和人口分布）、人口素质、人口构成等全方位的内容，其中首要的问题是人口增长。经济发展阶段和发展状况是影响人口发展的重要因素，人口过快增长会阻碍经济发展，人口适度增长能促进经济发展。因此，应坚持以人为本，落实计划生育政策和民生政策，促进人口可持续发展，从而促进经济社会可持续发展，使人民共享发展成果。

参 考 文 献

[1] 冯年华.区域可持续发展创新——理论与实证分析 [M].北京：中国工商出版社,2004.

[2] 张军涛,刘丽莉.城市与区域可持续发展 [M].沈阳: 东北财经大学出版社,2008.

[3] 张秦著.区域可持续发展能力研究:发展能力向可持续发展力的跃迁 [M].北京:中国经济出版社，2014：06.

[4] 毛志锋.区域可持续发展的理论与对策 [M].武汉：湖北科学技术出版社，2000.

[5] 李红卫.技术创新与资源型区域的可持续发展 [M].北京：科学普及出版社，2007.

[6] 河南大学地理系.区域可持续发展理论、方法与应用研究 [M].开封：河南大学出版社，1997.

[7] 李夺，蔡家伟.城市与区域可持续发展的管理理论与实践 [M].成都：电子科技大学出版社，2019.

[8] 顾保国.新时代新发展理念要览 [M].天津：天津人民出版社，2020.

[9] 严华，朱建纲.新时代中国方略·坚持新发展理念 [M].长沙：湖南教育出版社，2018.

[10] 洪银兴.新发展理念研究丛书·创新发展 [M].南京：江苏人民出版社，2016.

[11] 刘德海.新发展理念研究丛书·绿色发展 [M].南京：江苏人民出版社，2016.

[12] 张二震.新发展理念研究丛书·开放发展 [M].南京：江苏人民出版社，2016.

[13] 王庆五.新发展理念研究丛书·共享发展 [M].南京：江苏人民出版社，2016.

[14] 蒋伏心.新发展理念研究丛书·协调发展 [M].南京：江苏人民出版社，2016.

[15] 田学斌.当代中国政治经济学：新发展理念的逻辑机理和实现路径 [M].北京：新华出版社，2017.

[16] 黄守宏.贯彻新发展理念推进结构性改革努力实现"十三五"良好开局 [M].北京：中国言实出版社，2016.

[17] 中共中央宣传部理论局.新发展理念研究 [M].北京：学习出版社，2017.

[18] 辛向阳.新发展理念型变中国：五大发展理念的理论与实践创新 [M].杭州：浙江人民出版社，2018.

[19] 卢晓中.新理念新跨越新发展 [M].太原：山西经济出版社，2016.

[20] 邱志忠.区域经济发展概论 [M].长沙：中南工业大学出版社，1996.

[21] 张录法，汤磊，刘庭芳.迈向健康中国 [M].上海：上海交通大学出版社，2020.

[22] 国家卫生计生委宣传司.健康中国 2030 热点问题专家谈 [M].北京：中国人口出版社，2016.

[23] 费新岸，卢文超，李琳.韧性城市的探索之路 [M].武汉：武汉大学出版社，2017.

[24] 朱启贵.区域协调可持续发展 [M].上海：格致出版社，2008.

[25] 中共重庆市委深入学习实践科学发展观活动领导小组办公室.全面协调可持续是科学发展观的基本要求 [M].重庆：重庆出版社，2009.

[26] 季斌，沈红军.城市发展的可持续性——经济·环境·协调机理研究 [M].南京：东南大学出版社，2008.

[27] 朱国宏.通向可持续发展的道路中国人口、资源与环境的协调发展研究 [M].上海：复旦大学出版社，1998.

[28] 魏后凯.走向可持续协调发展 [M].广州：广东经济出版社，2001.

[29] 何泽荣.以人为本的中国金融全面协调与可持续发展研究 [M].成都：西南财经大学出版社，2015.

[30] 中央社会主义学院马克思主义理论教研部.五大发展理念与全面建成小康社会论文集 [M].北京：中国言实出版社，2016.

[31] 杨学文，徐赟.五大发展理念与"两型社会"建设研究 [M].武汉：湖北人民

出版社，2016.

[32] 向琳.西部民族地区经济发展质量研究"五大发展"理念与民族地区经济发展 [M].北京：中国经济出版社，2019.

[33] 曹俊杰.开放条件下区域农业结构调整与可持续发展 [M].北京：中国财政经济出版社，2003.

[34] 王宏新.开放发展及其政策创新理论与实证研究 [M].北京：中国经济出版社，2018.

[35] 赵西君，何龙娟，吴殿廷.统筹区域协调发展的中国模式 [M].南京：东南大学出版社，2013.

[36] 冯年华.区域经济与可持续发展理论、模型与策略 [M].长春：东北师范大学出版社，2006.

[37] 朱启贵，李建阳.信息化：可持续发展之路 [M].北京：中国经济出版社，2005.

[38] 陈岚.基于生态准则的城市形态可持续发展研究——以成都为例 [M].南京：东南大学出版社，2016.

[39] 宋涛，郭迷.城市可持续发展与中国绿色城镇化发展战略 [M].北京：经济日报出版社，2015.

[40] 周敬宣.环境与可持续发展 [M].武汉：华中科技大学出版社，2009.

[41] 廖赤眉，严志强，胡宝清，等.可持续发展导论 [M].南宁：广西人民出版社，2003.

[42] 许广月.中原经济区绿色发展及其绩效提升研究 [M].北京：中国经济出版社，2017.

[43] 王崇梅.系统创新视角的区域绿色转型研究 [M].成都：西南交通大学出版社，2014.

[44] 周雅雯，闵心茹，王珏，等.新时代城乡可持续发展的关键管理问题 [M].上海：同济大学出版社，2019.

[45] 卜茂亮，张三峰，等.对外开放与中国环境可持续发展 [M].北京：经济科学出版社，2018.

[46] 张晖名.创新转型与可持续发展 [M].重庆：重庆出版社，2014.

[47] 杜永红.乡村振兴战略下的贫困地区可持续性发展研究 [M].天津：天津大学

出版社，2020.

[48] 姚建华 . 西部资源潜力与可持续发展 [M]. 武汉：湖北科学技术出版社，2000.

[49] 刘洁，陈静娜 . 区域发展的经济理论与案例 [M]. 北京：海洋出版社，2019.

[50] 丁生喜 . 区域经济学通论 [M]. 北京：中国经济出版社，2018.

[51] 张春梅 . 区域经济空间极化与协调发展 [M]. 南京：东南大学出版社，2017.

[52] 尚勇敏 . 绿色·创新·开放中国区域经济发展模式的转型 [M]. 上海：上海社
会科学院出版社，2016.

[53] 罗以洪 . 以数字经济推动产业高质量发展 [N]. 贵州日报，2021-06-02（006）.

[54] 本报评论员 . 打造区域金融服务中心助推高质量发展 [N]. 汉中日报，2021-
06-01（001）.

[55] 叶建明 . 跑出数字经济"加速度" [N]. 遵义日报，2021-05-31（004）.

[56] 苏晓 . 中国宏观经济研究院盛朝迅：数字经济正成为重要的新动能 [N]. 人民
邮电，2021-05-31（003）.

[57] 杨文溥 . 数字经济与区域经济增长：后发优势还是后发劣势 ?[J]. 上海财经大
学学报，2021，23（3）：19-31，94.

[58] 钟文，严芝清，钟昌标，等 . 兼顾公平与效率的区域协调发展能力评价 [J/OL]. 统
计与决策，2021（10）：175-179[2021-06-02].https：//doi.org/10.13546/j.cnki.tjyjc.
2021.10.038.

[59] 范建平，郭子微，吴美琴 . 区域共享发展水平测度与分析 [J/OL]. 统计与决策，
2021（10）：101-105[2021-06-02].https：//doi.org/10.13546/j.cnki.tjyjc.
2021.10.022.

[60] 本报评论员 . 让数字经济成为高质量发展的强劲引擎 [N]. 贵州日报，2021-
05-27（001）.

[61] 焦豪 . 加快数字经济下企业技术创新能力提升 [N]. 中国经济时报，2021-05-
27（004）.

[62] 刘佳鑫，李莎 ."双循环"背景下数字金融发展与区域创新水平提升 [J]. 经济
问题，2021（6）：24-32.

[63] 张景波 . 财政支出、对外开放与区域经济高质量发展 [J]. 经济管理文摘，2021
（10）：1-3.

[64] 郑耀群，崔笑容 . 城镇化高质量发展的测度与区域差距——基于新发展理念

视角 [J]. 华东经济管理，2021，35（6）：79-87.

[65] 沈奕，赵莲莲. 推进新时代高水平开放促进区域协调发展 [J]. 商业经济，2021（5）：122-123，126.

[66] 赵雪，高鹏龙. 区域协同发展的产业布局优化策略 [J]. 电子技术，2021，50(5)：134-135.

[67] 张震. 我国区域经济接力增长格局演化及其影响因素分析 [J]. 西部经济管理论坛，2021，32（3）：67-79.

[68] 王丽萍，张含璇，李建涛. 我国社会办医区域发展趋势的比较研究 [J/OL]. 山西医科大学学报，2021（5）：643-646[2021-06-02].https://doi.org/10.13753/j.issn.1007-6611.2021.05.020.

[69] 王泽阳，郭将. 中国大力发展新型基础设施建设的思考——基于区域经济发展的视角 [J]. 中国市场，2021（14）：33-35.

[70] 汤筱娴. 区域金融创新对淮河生态经济带经济发展的分析 [J]. 商讯，2021（14）：71-72.

[71] 王宏元. 乡村振兴战略背景下农村区域经济协调发展对策分析 [J]. 山西农经，2021（9）：54-55.

[72] 胡金焱. 以区域协调发展夯实新发展格局根基 [N]. 人民日报，2021-05-14（013）.

[73] 本刊编辑部. 重点突破协调发展 [J]. 金融科技时代，2021，29（5）：9.

[74] 叶堂林，李国梁，梁新若. 社会资本能有效提升区域经济韧性吗？——来自我国东部三大城市群的实证分析 [J]. 经济问题探索，2021（5）：84-94.

[75] 庄贵阳，徐成龙，薄凡. 新发展格局下增强现代化经济体系韧性的策略 [J]. 经济纵横，2021（4）：52-61.

[76] 王凯，姚正海. 五大发展理念下高质量发展评价及驱动因素研究——以徐州市为例 [J]. 资源开发与市场，2021，37（5）：566-573.

[77] 解煜，宋悠悠. 普通高校体育教育专业人才培养质量评价指标体系的构建 [J]. 淮北师范大学学报（自然科学版），2021，42（1）：89-96.

[78] 商兆鑫. 以新发展理念引领社会主义现代化建设 [J]. 党政干部论坛，2021（3）：4-8.

[79] 杨鑫环，雍雯曦. 基于"五大发展理念"的长江经济带高质量发展测度 [J]. 兰州财经大学学报，2021，37（1）：46-59.

[80] 吕佳敏. 新发展理念下，城市政府五大指数排名 [J]. 杭州，2021（3）：38-41.

[81] 喻江东，赵泽宽.推动形成绿色发展新格局[J].社会主义论坛，2021（2）：8-9.

[82] 孙业礼.新时代新阶段的发展必须贯彻新发展理念[J].马克思主义与现实，2021（1）：1-6，203.

[83] 杨阿维.新发展理念视域下城乡融合发展水平测度[J].商业经济研究，2021（2）：190-192.

[84] 刘金锋.高校体育教育专业评估指标体系构建研究[J].齐齐哈尔大学学报（哲学社会科学版），2021（1）：160-163，174.

[85] 吴林."五大发展理念"引领下我国体医融合促进健康发展研究[J].哈尔滨体育学院学报，2021，39（1）：87-91.

[86] 刘应杰.中国的区域发展战略和区域政策[J].区域经济评论，2021（1）：10-13.

[87] 张秀艳，白雯，郑雪.我国区域经济韧性的关联识别与演化特征分析[J].吉林大学社会科学学报，2021，61（1）：90-101，237.

[88] 曹雪雪，汪晓莺.新时代下坚持协调发展理念的价值所在[J].学理论，2020（11）：15-16.

[89] 马庆斌.构建有韧性的区域经济格局[N].经济日报，2020-10-08（006）.

[90] 刘鹏程，韩贵鑫，夏学超."一带一路"节点城市对外开放与产业结构协调发展研究[J].重庆理工大学学报（社会科学），2020，34（7）：19-32.

[91] 李娜，朱华友.区域韧性与路径创造：国外经验与中国借鉴[J].湖北经济学院学报（人文社会科学版），2020，17（07）：44-48.

[92] 曾冰.区域经济韧性内涵辨析与指标体系构建[J].区域金融研究，2020（7）：74-78.

[93] 高凌霄.改革开放以来中国区域发展战略实践研究[D].大庆：东北石油大学，2020.

[94] 任俊帆.区域产业结构升级对经济韧性的影响研究[J].市场周刊，2020，33（7）：41-42+86.

[95] 金媛媛，成祖松.长三角区域经济韧性的空间特征及影响因素[J].内江师范学院学报，2020，35（6）：82-87.

[96] 刘迎雪，李永前，张奥蕾，等.区域协调发展战略下我国西部地区开放型经济发展路径研究[J].区域金融研究，2020（5）：87-91.